Martina Meuth und
Bernd „Moritz" Neuner-Duttenhofer

UNSERE 111 BESTEN GEMÜSETIPPS

Martina Meuth und Bernd Neuner-Duttenhofer

UNSERE 111 BESTEN GEMÜSETIPPS

Mai 2019, 1. Auflage

© 2019 Edition Essentials GmbH & Co. KG, Heidelberg
info@edition-essentials.com

© WDR, Köln
Lizenziert durch die WDR mediagroup GmbH

Redaktion	Martina Meuth und Bernd Neuner-Duttenhofer
Lektorat	Eva-Maria Thürmer
Layout, Satz und Illustrationen	TW Werbeagenten Heidelberg GmbH
Bildnachweise	Luca Siermann, Martina Meuth

Gedruckt in Deutschland – NINO Druck GmbH

ISBN: 978-3-947670-04-8

Martina Meuth und
Bernd „Moritz" Neuner-Duttenhofer

UNSERE 111 BESTEN GEMÜSETIPPS

Dass Gemüse in den letzten Jahren immer mehr Aufmerksamkeit erfährt, hat natürlich viele Gründe: die stark zunehmende Zahl von Vegetariern und Veganern, das gegenüber Fleisch und Fisch erheblich größere Geschmackspotential, die Vielfalt der Zubereitungs- und Kombinationsmöglichkeiten, der Trend zur Frische, Regionalität und Saisonalität, ein ganzer Strauß gesundheitlicher Aspekte, schließlich die immer bessere Qualität des Angebots. Letzteres gewinnt durch die Züchtung von immer neuen und die Wiederentdeckung alter Sorten – noch nie war die Auswahl so groß und die Qualität so hoch wie heute!

Fast alle Gemüse haben heute die Eigenschaften, die vor 200 Jahren nur die (damals sündhaft teuren) Erstlingsgemüse hatten, die sogenannten Primeurs. Das bedeutet, dass Kochzeiten und die Art der Zubereitung sich stark verändern konnten, denn bis vor etwa 100 Jahren hat man Gemüse, der Begriff sagt es ja schon, fast immer zu Mus gekocht – die Struktur von Gemüse war einst viel fester, die Garzeit viel länger, die es brauchte, um die stärkeren Zellwände und Fasern zu erweichen oder aufzulösen.

Die Angebotspalette von Gemüse ist also in den letzten Jahrzehnten immer bunter, reicher, unabhängiger von den Jahreszeiten geworden. Wir haben uns daran gewöhnt, dass viele Gemüsearten ganzjährig im Angebot sind, was wir den Verbesserungen der Kühltechnik und schnelleren Transportmöglichkeiten (die teilweise erhebliche Belastungen der Umwelt mit sich bringen) zu verdanken haben. Manche Menschen wissen oft gar nicht mehr, wann was hierzulande wächst. Und die ständige Verfügbarkeit hat die Attraktivität mancher Gemüseart zunichtegemacht. Andererseits: Viele mediterrane Frischgemüse haben im Winter Hauptsaison, wenn bei uns alles erfriert – auf sie wollen wir nicht verzichten!

Jeder weiß: Gemüse ist gesund! Es enthält relativ wenig Kalorien, kaum Fett, wenig Eiweiß, dafür Vitamine, viele Mineralien, Spurenelemente und vor allem wertvolle bioaktive Substanzen. Am meisten natürlich, solange es wirklich frisch ist – und das wird beim Einkauf viel zu wenig berücksichtigt! Dabei dürfte auch das jeder wissen: Das frischeste Gemüse bekommt man beim Gärtner, auf dem Markt und im Gemüsehandel. Man muss dann etwas tiefer in die Tasche greifen, aber es lohnt sich!

Freilich ist Spitzenqualität teurer als Massenware. Doch können wir sie uns mühelos leisten, wenn wir regional, saisonal und weniger Fleisch essen – und damit die Umwelt entlasten, unserem Körper Gutes tun, Zunge und Gaumen erfreuen: elegante Salate und Rohkost als Vorspeise; nicht nur deftige Eintöpfe, sondern auch seidige Suppen; fein und erlesen zubereitete Beilagen, Cremes und Pürees, ausschließlich aus Gemüse genussreich komponierte Hauptgerichte, sogar gemüsige Desserts – darauf verwenden die Köche heute ihre Kreativität. Wann folgen ihnen wohl unsere alltäglichen Essgewohnheiten?

Will man seinen Fleischkonsum verringern, aber auf den Geschmack nicht verzichten, dann ist die Zubereitung im Wok, für die wir in diesem Buch den Begriff „woken" verwenden, besonders angesagt: Durch das Kleinschneiden der Zutaten wird die Oberfläche vergrößert und schon dadurch der Geschmack intensiviert. Man kommt so mit weniger Zutaten (auch Fleisch oder Fisch) aus.

Überdies gibt es in allen Küchen der Welt eine ideale, sehr preiswerte Paarung: Gemüse mit Hackfleisch.

Vor allem stadtnahe Gärtnereien bieten immer öfter Gemüsesorten an, die noch vor wenigen Jahren als selten, mediterran oder gar exotisch galten. Und für Bio-Märkte, Naturkostläden und Reformhäuser steht nicht mehr nur das Prinzip der Erzeugung im Mittelpunkt, sondern man achtet zunehmend auch auf kulinarische Qualität. All das sorgt dafür, dass wir immer frischeres und inhaltsreicheres, damit gesünderes und besser schmeckendes Gemüse einkaufen können. Worauf Sie beim genüsslichen Einkauf, beim Vor- und Zubereiten achten sollten, wollen wir Ihnen in diesem Buch erläutern. Und mit ein paar Rezept-Ideen zu Genuss verhelfen. Guten Appetit!

HINWEISE ZUM GEBRAUCH DES BUCHES

Wenn hinter **Einkauf** „Handel" steht, dann sind damit Gemüsegeschäfte aller Art, Supermärkte und Discounter gemeint; mit „Markt" wird sowohl auf Bauernmärkte als auch jene Händler verwiesen, die auf Märkten Erzeugnisse spezialisierter Gärtnereien anbieten.

Unter **Herkunft** und **Saison** werden nur die wichtigsten Daten für die jeweilige Verfügbarkeit genannt; das heißt, steht dort „ganzjährig", dann kann das Angebot (wie etwa bei Möhren) auch aus Import- oder Lagerware bestehen. „Regional"

bedeutet, dass es nur in manchen Regionen Deutschlands zum normalen Angebot gehört.

Steht bei **Lagerung** „Kühlschrank", so ist immer das Gemüsefach gemeint. Hat Ihr Kühlschrank klimageregelte Fächer oder Schubladen, dann können Sie von mindestens doppelter Haltbarkeit ausgehen.

Die Möglichkeit der Frischhaltung durch **Tiefkühlen** sehen wir anders als viele Autoren und Redaktionen und die entsprechenden Internetportale. Zum Beispiel werden Blumenkohl und Spargel stets zum Einfrieren empfohlen. Doch sie kommen nie so gut raus, wie man sie hineingegeben hat: Spargelstangen werden weicher, Blumenkohlröschen wattig. Außerdem ist im Handel gekauftes Gemüse meist nicht frisch genug zum Einfrieren. Anders ist das bei von der Industrie tiefgekühltem Gemüse: Hier werden bei viel tieferen Temperaturen frisch geerntete Produkte eingefroren, weshalb Textur und Inhaltsstoffe besser erhalten bleiben.

Vorbereitung: Hier werden allgemein gültige Arbeitsschritte vorgestellt. Rezeptspezifische Arbeiten werden andernorts erklärt.

Zubereitung: Welche Garmethode ist für dieses Gemüse geeignet und kann man es roh essen? Darunter finden Sie für das übliche, aber missverständliche „Pfannenrühren" im Wok das präzisere und kürzere „woken".

Inhaltsstoffe / Kalorien sind nicht durchgehend angegeben, sondern nur, wenn sie besonders erwähnenswert erscheinen.

Prinzip: Bestimmte Garmethoden, Grundzubereitungen und zu Gemüse besonders gut passende, leicht abzuwandelnde Rezepte kommen häufig vor. Wir haben sie an passenden Stellen über das ganze Buch verteilt. Im Anschluss finden Sie einen Überblick.

DIE PRINZIPIEN

· Blanchieren
· Gemüsebrühe
· Gemüse-Sticks
· Hackfleischfarce
· Mayonnaise
· Reines Fruchtfleisch
· Sauce Hollandaise
· Tomagrette
· Tomaten schälen
· Vinaigrette
· Woken = Pfannenrühren

EXTRA-TIPP
Hier finden Sie ohne Nummerierung kleine, aber bedeutsame Informationen und praxisnahe Ergänzungen zum eigentlichen Tipp.

REZEPTE
Grundrezepte wurden mit eigener Nummer angefügt, besondere Rezepte werden in einem Kasten hervorgehoben.

WURZELN, KNOLLEN UND RÜBEN

Wenn man alte Kochbücher betrachtet, ist man verblüfft, welche Vielfalt der unterschiedlichsten Rübchen, Wurzeln und Knollen dort zu sehen sind. Lange Zeit gab's auf unseren Märkten gerade mal Möhren, als etwas ganz Besonderes die hübschen Bundmöhren, und dann noch Knollensellerie und Rote Bete. Aber mittlerweile hat man alte, vergessene Gemüsesorten wieder-entdeckt und baut sie wieder verstärkt an.

Grundgemüse, das zu allem passt und in fast alle Suppen und Eintöpfe gehört. In Mode gekommen sind in den letzten Jahren die lilaroten *Urmöhren*. Sie schmecken intensiver als die üblichen, sind reicher an wertvollen Inhaltsstoffen (vor allem Flavonoiden, gelten daher als „Superfood"!), werden ansonsten wie diese behandelt – wie auch alle anderen andersfarbigen Sorten.

MÖHREN / GELBE RÜBEN / WURZELN / KAROTTEN

Diese verschiedenen in Deutschland üblichen Begriffe erzählen schon, dass man dieses Gemüse überall liebt! Sie sind sozusagen ein

Tipp 2: Verschiedenfarbige Möhren (und anderes Wurzelgemüse) in Scheiben. Diese sollten alle möglichst genau gleich dick oder dünn sein, damit sie gleichmäßig garen.

Möhren / Gelbe Rüben / Wurzeln / Karotten

Einkauf Handel, Markt, Gärtnerei

Saison Jungmöhren und Karotten ab Frühjahr, ausgewachsene Möhren rund ums Jahr

Herkunft überall regional, im Winter aus Frankreich (vor allem Bretagne) und mediterranen Ländern

Qualität straff, knackig

Lagerung mindestens 1 Woche im kalten, feuchten Keller oder Kühlschrank

Tiefkühlen unnötig, geht aber; blanchierte Würfel oder Scheiben einfrieren, diese dann gebrauchs-fertig unaufgetaut verwenden

Vorbereitung schälen (siehe Tipp 1)

Zubereitung als Rohkost in Salaten; gekocht, gedünstet, geschmort, gebraten

1 Schaben oder schälen?

Früher hat man Möhren mit rechtwinklig aufgesetztem Küchenmesser geschabt, was jedoch die Struktur des Wurzelgewebes verändert: Die aufgeraute Oberfläche wird dann beim Dünsten leicht übergart, etwas fluderig-weich. Schneidet man die Schale mit dem Sparschäler sauber ab, bleibt eine feste Struktur erhalten. Und die Schalen werden nicht breiiger Abfall, sondern kommen in die Gemüsebrühe.

2 Schneiden

Ob für Rohkost, Gemüse oder Wokgericht: Scheiben stets in gleich dünne Scheiben schneiden, damit sie eine gleiche Bissfestigkeit haben und gleichmäßig gar werden. Schräg zur Faser geschnitten beißen sie sich leichter, wirken knuspriger als einfach quer gehobelt. Für Rohkost sollten die Stäbchen streichholzfein sein, für Gemüse und Wokgerichte ½ bis ¾ cm dick und 3 bis 4 cm lang.

MÖHREN-ROHKOST

Es ist erstaunlich, mit wie wenig Aufwand man manchmal besondere geschmackliche Effekte erzielen kann: Die Franzosen beweisen dies mit ihrer einfachen Möhren-Rohkost, die bei uns immer nur gesund daherkommt, aber kaum appetitanregend und schon gar nicht wirklich wohlschmeckend. Das Geheimnis? Sie werden mit Zitronensaft und Dijon-Senf mariniert! Einfach die Vinaigrette (eigentlich „Zitronette" – siehe Tipp 43 auf Seite 51) mit der doppelten Menge Senf aufschlagen. Dessen Schärfe steht zur Süße der Möhren in spannungsvollem Gegensatz, wirkt äußerst belebend.

3 Das Prinzip: Gemüsebrühe

Die Abschnitte, die beim Putzen von einigen Gemüsearten anfallen, werden – wenn sie nicht verwelkt, schimmelig, faul oder anderweitig verdorben sind – nicht in den Abfalleimer geworfen, sondern weiterverwertet: zu einer köstlichen Gemüsebrühe ausgekocht, die praktisch nichts kostet und vielseitig zu verwenden ist. Natürlich müssen die Gemüse vorher gründlich gewaschen und gebürstet werden.

Bestens sind die Schalen von allen als „Suppengrün" bekannten Gemüsearten geeignet, also von Möhren und Knollensellerie, Pastinaken und Petersilienwurzeln, Stangensellerie, Lauch und Zwiebeln, außerdem von Tomaten, Paprika-schoten (nicht zu viel) und Pilzen.

Einen nicht zu kleinen Topf nehmen und nur zur Hälfte mit Wasser aufsetzen – man ist immer wieder erstaunt, wie viel Gemüseabschnitte beim ganz normalen Kochen anfallen! Gleich zu Beginn salzen und würzen: mit Pfefferkörnern, Wacholderbeeren, Pimentkörnern, Lorbeerblatt und Kräutern nach Belieben. Petersilienstiele, Thymian und Basilikum passen eigentlich immer, mit den meisten anderen sollte man vorsichtig sein, denn man weiß ja meist noch nicht, wozu man die Gemüsebrühe verwenden wird.

Man kann sie im Übrigen bis zum nächsten Tag zugedeckt auf dem Herd stehen lassen, wieder aufko-chen und neue Abschnitte zufügen – in einem guten Haushalt geht nichts verloren. Vor allem im Sommer gehört sie jedoch in den Kühlschrank, wenn sie nicht täglich aufgekocht wird. Eventuell nicht mehr im Topf, sondern abgeseiht in Konserven-gläsern.

EXTRA-TIPP

Es ist auch praktisch, falls die Brühe schön konzentriert ist, sie in kleinen Portionen im Eiswürfelbehälter einzufrieren und lose im Gefrierbeutel verpackt bereitzuhalten, um schnell etwa eine Sauce an-setzen zu können. Ein vor-züglicher Vorrat, um eine Suppe daraus zu kochen, ein Risotto aufzufüllen oder einen Braten anzugießen!

GEMÜSEBRÜHE

Tipp 3: Ein großes Bund Suppengrün ist schon eine gute Basis, die sich beliebig erweitern lässt ...

ROTE RÜBEN / ROTE BETE / RANDEN

Viele kennen Rote Bete nur als geripptete Scheiben, sauer eingelegt im Glas und hassen sie deshalb. Mit Recht! Dabei kann Rote Bete ein so wunderbares Gemüse sein. Vor allem jung geerntet und aus dem Freiland. Es gibt runde, walzenförmige oder kegelförmige Sorten – geschmacklich gibt es wenig Unterschiede. Vorgekocht oder gebacken und vakuumverpackt findet man sie auch im Gemüseregal – durchaus zu empfehlen, ideal für die schnelle Küche!

4 Farbspiele

Die Knollen geben eine kräftige Farbe ab, beim Schälen eventuell mit Handschuhen arbeiten. Oder Finger zuvor mit Zitronensaft einreiben, dann kann die Farbe nicht so eindringen, lässt sich besser abwaschen. Will man die Knollen kochen, sie möglichst nicht verletzen, sie bluten sonst im Kochwasser aus – das heißt verlieren viel Saft, Farbe und Aroma. Noch besser: im Dampf garen.

Auch die Rote Bete hat inzwischen andersfarbige Geschwister bekommen, siehe Tipp 5 und 6.

Carpaccio von der gekochten Rote Bete (auch aus dem Vakuumpack): Rote Bete schälen, in dünne Scheiben hobeln, in gewürztem Essig marinieren (Piment, Pfeffer, Chili), als Rund auf Tellern auslegen – eine dekorative Unterlage für Matjessalat oder andere eingelegte Fische.

Rote Rüben / Rote Bete / Randen

Einkauf Handel, Markt, Gärtnerei
Saison ganzjährig, jung März/April
(Bundware/Gewächshaus),
ab Frühsommer frisch/Freiland,
ab Spätherbst bis April Lagerware
(ohne Blätter)
Herkunft zunächst Italien, Spanien,
Griechenland; später Niederlande,
Belgien, Deutschland regional
Qualität frische Knollen straff, von
sattem Dunkelrot, Blätter frisch,
nicht verwelkt; auch Winterknollen
fest, nicht eingeschrumpelt
Lagerung Bundware einige Tage
im Kühlschrank (ohne Laub),
Lagerknollen bis 1 Monat (feuchte
Atmosphäre, auch frostfrei
draußen)
Tiefkühlen unnötig
Vorbereitung junge Rote Bete nur
waschen, die Blätter entstielen und
blanchieren und die jungen Knollen
kurz dünsten; ältere Knollen nach
dem Kochen schälen
Zubereitung als Rohkost, gekocht,
gebacken, mariniert

ROTE-BETE-ROHKOST

Rote Bete raffeln und mit frisch
geriebenem Meerrettich
mischen, salzen und mit Essig
sowie etwas Honig anmachen.
Vorzüglich zu gekochtem
Rindfleisch oder zu Gegrilltem.

ROTE-BETE-GEMÜSE

In Schnitze schneiden, in Butter
andünsten, salzen und mit
Chilipulver sanft schärfen. Mit
Orangensaft ablöschen und
wenige Minuten bissfest garen.
Mit Balsam-Essig abschmecken.

ZARTES GELEE

Rote Bete würfeln und mit
Gewürzen (Nelke, Piment,
Wacholder) mit Wasser bedeckt
auskochen. Diesen Sud mit
Gelatine versteifen (auf ½ l Sud
1 ½ Blätter) und in Serviergläsern
erstarren lassen. Zum Servieren
eine zentimeterhohe Schicht Sau-
errahm (oder griechischen
Joghurt) – angerührt mit Salz,
Pfeffer, Zitronensaft und etwas
abgeriebener Zitronenschale –
auf einem Teller anrichten. In
die Mitte einen Klecks Forellen-
kaviar setzen.

5 Chioggia-Bete

Innen dekorativ weiß-rot geringelt. Leider verliert sich dieser hübsche Farbkontrast beim Kochen, deshalb vorzugsweise roh verwenden: hauchdünn gehobelt oder geraffelt, nur kurz mariniert. Vor allem schön als Grundlage für gemischte, Fleisch- oder Fischsalate.

6 Goldene Bete

Leuchtet tatsächlich goldgelb – sie ist milder im Geschmack als die rote, frischer, längst nicht so erdig und muffig. Kann man als Gemüse dünsten. Danach püriert, mit Öl aufgemixt und kräftig scharf-säuerlich abgeschmeckt, erhält man einen pfiffigen Brotaufstrich.

Rote Bete, Chioggia-Bete und Gelbe Bete

WEISSE ODER MAIRÜBEN, TELTOWER RÜBCHEN UND RUNKELRÜBEN

Bildschön, die jungen, frühlingszarten Kugeln in cremigem Weiß, mit ihrem grünen Blattschopf! Sie sollten auf keinen Fall zu groß und dick sein, idealerweise wie eine Walnuss oder ein Tischtennisball, dann sind sie besonders zart und knackig. Diese Baby-Rübchen schmecken roh, wie Radieschen einfach aus der Hand, in Scheibchen oder geraspelt als erfrischender Salat. Die Blätter brauchen nicht auf dem Kompost zu landen: Die kleinsten sind fein geschnitten als würzendes Kraut geeignet. Größere Blätter lassen sich wie Mangold (ein Vetter) als Blattgemüse dünsten.

7 Kleine Vorspeise

Teltower Rübchen, die wie ein gelbes, haariges Senkblei aussehen, sind eine rare Delikatesse und man sollte warten, bis die als Zweitfrucht nach Kartoffeln im Spätsommer ausgesäten Rübchen im Herbst und Frühwinter auf den Markt kommen – dann schmecken sie am besten, in Butter gedünstet und mit einer guten Prise Zucker leicht karamellisiert.

Weiße oder Mairüben, Teltower Rübchen und Runkelrüben

Einkauf Handel, Markt, Gärtnereien
Saison Weiße Rübchen ab April bis Oktober, Teltower Rübchen im Herbst, violette Rübchen Sommer bis Winter, Runkelrüben ab Oktober
Herkunft im Frühjahr aus Südeuropa, Frankreich, heimische aus dem Gewächshaus, später vom Freiland aus der Region
Lagerung einige Tage im Kühlschrank (ohne Blätter)
Tiefkühlen überflüssig
Vorbereitung ganz junge Rübchen nur waschen, größere dünn schälen; Teltower Rübchen gründlich abschrubben und dünn schälen; Runkelrüben dick schälen
Zubereitung roh als Salat oder Carpaccio (dünn gehobelt und kurz mariniert), als Gemüse oder Cremesuppe gedünstet und gekocht

Topinambur

Einkauf Handel, Märkte, Bio-Läden
Saison Sommer, ab August
Herkunft Region
Qualität feste, längliche, helle Knollen, mit rosa Enden oder eher rund und violett
Lagerung im Kühlschrank 2–3 Wochen
Tiefkühlen ungeeignet
Vorbereitung gründlich waschen, abbürsten, junge Knollen nicht, gelagerte schälen
Zubereitung als Rohkost; gekocht, gebraten, im Wok

TOPINAMBUR

Die eher dem Ingwer als einer Kartoffel ähnelnde Knolle – sie ist wie Ingwer keine Wurzel, sondern ein Rhizom – kennt man bei uns genauso lang wie die Kartoffel oder Tomate – sie wurde zur selben Zeit, im 17. Jahrhundert, nach Europa gebracht. Aber man hat sie lange der Kartoffel zuliebe vergessen. Sie bietet eine hübsche, kaloriensparende Abwechslung: mit 31 kcal/100 g weniger als die Hälfte von Kartoffeln.

Mairübe, Teltower Rübchen und Runkelrübe

TOPINAMBUR-ROHKOST

Vor allem die violetten, fleischigen Sorten schmecken, wenn sie jung und zart sind, sehr gut roh, entweder geraffelt als Salat oder in Scheiben zum Knabbern.

TOPINAMBUR-GEMÜSE

Gedünstet in Butter als Gemüse (in Scheiben oder Streifen geschnitten), gewürzt mit Zwiebel, Pfeffer, Salz, Zitronensaft und Balsamico zu Fisch- oder Fleischgerichten. Gekocht, als Püree. Kann prima im Wok gebraten werden.

PASTINAKE

Vom Aussehen her könnten die dicken, elfenbeinfarbenen, kegelförmig spitz zulaufenden Wurzeln der Pastinaken mit Petersilienwurzeln verwechselt werden – aber sie werden größer, sind weicher und schmecken vollkommen anders: nussig-erdig und süßlich, während man die Petersilienwurzeln am typischen, etwas strengen, grün-würzigen Kräutergeschmack erkennt. Pastinaken gewinnen an Geschmack und werden süßer, wenn sie Frost bekommen haben.

8 Pastinaken-Cremesuppe

Für eine Cremesuppe Pastinaken in Stücke schneiden und in Butter andünsten. Mit Wasser, Gemüse- oder Fleischbrühe bedecken und auf kleiner Flamme gar köcheln. Mit Salz, Pfeffer und Muskat (oder Thymian) würzen. Wenn sie gar sind, die Stücke pürieren und einen guten Schuss Sahne untermixen. Mit Zitronensaft und -schale sowie etwas Cayenne auffrischen. Mit Schnittlauch bestreut servieren.

Pastinake

Einkauf Markt, Bio-Gärtnereien und -Läden, gut sortierte Supermärkte
Saison Oktober bis Mai
Herkunft Deutschland
Qualität glatte Schale ohne braune Flecken, im Herbst sollten die Stiele grün sein
Lagerung mindestens 2 Wochen im feuchten, kalten Keller oder im Gemüsefach, den ganzen Winter über in feuchtem Sand eingeschlagen (auch ohne Frostschutz)
Tiefkühlen möglich, aber unnötig
Vorbereitung waschen, bürsten; größere Exemplare und länger gelagerte schälen
Zubereitung gekocht, gebraten, gedünstet, geschmort, als Rohkost: geraspelt als Salat

PETERSILIENWURZEL

Petersilienwurzeln lassen sich zubereiten wie Pastinaken, als feines Cremesüppchen (siehe Tipp 8), Ofengemüse, Wurzelwerk für Braten und Geschmortes.

Links Pastinaken – etwas gelblicher als die beiden Petersilienwurzeln rechts daneben

Petersilienwurzel

Einkauf Märkte, Gärtnereien, gut sortierte Supermärkte, Bio-Läden

Saison September bis Mai

Herkunft Deutschland

Qualität unverletzte Schale ohne Wurmlöcher und braune Stellen

Lagerung mindestens 2 Wochen im kalten, feuchten Keller oder im Gemüsefach, den ganzen Winter über in feuchtem Sand eingeschlagen

Tiefkühlen möglich, aber unnötig

Vorbereitung waschen, bürsten, schälen

Zubereitung gekocht, gebraten, gedünstet, geschmort

Tipp 8: Cremige Suppe aus Pastinaken – das schmeckt Martina besonders gut.

SELLERIE

Ihn gibt es in zwei grundverschiede-
nen Erscheinungsformen: erstens
die bei uns beliebte dicke, herzhafte
Wurzelknolle, außen braun, innen
cremig weiß – je jünger übrigens,
desto heller. Zweitens die saftigen,
fleischigen grünen Stangen; auch
sie in zweierlei Sorten, ganz

naturbelassen in ihrer eigenen
hellgrünen Farbe oder aber ge-
bleicht und dann ganz hell, die
Herzblätter gelb. Stangen-, Bleich-
oder auch, noch jung und zart,
Krautsellerie genannt, in der
Küchensprache auch „englischer
Sellerie" geheißen, weil man ihn
dort so bevorzugt.

9 Würzige Rohkost

Beide Arten schmecken roh: die
Knolle fein geraspelt, geraffelt oder
gerieben – mit einer schlanken
Vinaigrette bzw. Zitronette (Seite 49)
oder mit einer üppigeren Mayonnaise
(Seite 41). Stangen schneidet man für
einen Salat in Scheibchen oder längs
in Stifte. Vor allem nicht allein,
sondern mit anderen Gemüsesorten
in Rohkostsalaten vorzüglich als
würzendes Element.

Sellerie

Einkauf Handel, Markt, Gärtnerei
Saison ganzjährig
Herkunft Knollen regional, aus
Frankreich, Israel, Spanien
Qualität Knolle fest und schwer, im
Sommer mit frischem Grün;
Stangen straff, fest, Blätter nicht
welk; Bleichsellerie fast gelb
Lagerung Knolle 2–3 Wochen
(Kühlschrank), Stangen 1 Woche,
in Folie länger
Tiefkühlen unnötig
Vorbereitung Knolle mit Wurzel-
bürste reinigen, schälen, Wurzel-
enden mit Erde abschneiden;
äußere Stangen abbrechen,
waschen, beschädigte Stellen
ausschneiden, Fäden an der
Rückseite von unten und oben
abziehen
Zubereitung als Rohkost, gekocht,
gedünstet, gebacken, gebraten,
im Wok

REZEPT-IDEEN

Gedünstet, in Butter oder Öl,
und dann im eigenen Saft
gegart wird ein feines **GEMÜSE**
daraus. Die Knolle ergibt
gekocht einen herzhaften
SALAT. Mit Kartoffeln zusammen gekocht und durch die
Gemüsemühle passiert wird
mit einem Schuss Sahne ein
cremiges **PÜREE** daraus – gut
zu Wild oder Lamm.

10 Das Prinzip: Gemüse-Sticks

Eine wunderbare Sache, die man leider viel zu selten verwirklicht: 6 bis 8 cm lang zugeschnittene und längs in schmale Stänglein gespaltene Selleriestangen und andere, entsprechend ähnlich zugeschnittene Gemüse – zum Beispiel Möhren, Paprika, Gurken – mit einem Dip bereitstellen. Zum Aperitif, als Begleitung zum gemeinsamen Plausch, mit einem Glas Wein, zum Fernsehen, am PC ... Immer dann, wenn man selbst einen kleinen Bissen mag, man aus Anspannung oder Langeweile etwas zwischen die Zähne braucht, beim Gespräch nebenbei etwas knabbern möchte. Kurz: immer dann, wenn fast immer etwas Kalorienreiches angeboten wird – Nüsse, Kekse, Salzstangen und ähnliches Gebäck, Kartoffelchips mit allerlei Aromen, Wurst- und Käsespießchen usw. Leichter und gesünder sind allemal diese Gemüse-Sticks.

Als Dip entweder nur Olivenöl und Salz (wie in Italien üblich), Mayonnaise (wie in den USA; kalorienärmer, wenn halb Öl, halb Joghurt) oder ein mit Kräutern und/oder Curry gewürzter Joghurt.

Tipp 9: Für Selleriestangen als Rohkost müssen die Fäden unbedingt abgezogen werden, denn sie stören den Genuss sehr. Einfach an den Schnittstellen die Kanten zwischen Messerklinge und Daumen einklemmen und die Fäden nach unten abziehen. Schneidet man die Stangen für Gemüse (auch im Wok zubereitet) in schräge Scheibchen, ist dies nicht zwingend nötig.

RADIESCHEN UND RETTICH

Beides gibt's in verschiedenen Formen, Farben und Größen – welche man vorzieht, ist teils Geschmackssache, teils abhängig vom Angebot. Während hierzulande die runden roten Radieschen bevorzugt werden, liebt man in Frankreich die kleinen länglichen (18-Tage-Radieschen, *de dixhuit jours*), die besonders zart sind. Gibt's in Bündeln auch bei uns immer öfter. Man genießt sie mit etwas Butter und Salz zu Baguette mit Schinken, Wurst, Käse oder zum Frühstücksei.

11 Spezialitäten

Ähnlich zart sind die deutschen Eiszapfen, die wie kleine Rettiche aussehen, aber zu den Radieschen gerechnet werden.

Die runden roten Radieschen mit weißem Bauch sind von festerer Struktur, auch etwas schärfer; man kann sie roh essen, sie eignen sich aber auch zum Dünsten, besonders gut aber zum Pfannenrühren im Wok, zusammen mit anderem Gemüse. Der klassische weiße, bayerische Bierrettich ist ein Auslaufmodell, denn dem ähnlich aussehenden, aber längeren japanischen Daikon wird heute wegen seiner Zartheit und Saftigkeit auch im traditionellen Bierzelt der Vorzug gegeben.

Andernorts liebt man den kleineren roten Ostergruß, der meist als

Radieschen, Rettich und roter Rettich

Bündel verkauft wird – er arbeitet sich (ähnlich wie die Eiszapfen) in schwere Böden beim Wachsen leicht aus der Erde heraus, wird dann im oberen Bereich grün und eher holzig – meiden Sie solche Exemplare!

Die kugelförmigen violetten Herbst- oder schwarzen Winterrettiche sind härter und müssen sehr dünn gehobelt oder in Streifen geschnitten werden. Viel besser schmecken sie in Butter gedünstet, etwa zu Siedfleisch oder natur gebratenem Schweinekotelett.

BIER- UND BROTZEITFREUDEN:
Radieschen und Rettich gehören fest zur süddeutschen Bier-, Brotzeit- und Vesperkultur. Man isst sie mit Salz oder als Salat. Wobei die fröhlichen Radieschen als Verzierung von Wurst- und Aufschnittplatten, Schinkentellern und Käsebrettern nicht fehlen dürfen.

12 Das ultimative Radieschenbrot

Die einfachen Dinge sind oft die besten: Eine Scheibe vom mit Sauerteig gebackenen Roggenmisch- brot buttern und salzen. Radieschen auf dem Gurkenhobel in dünnen Scheiben gleichmäßig über das Brot hobeln. Salzen und mit viel frisch geschnittenen Schnittlauchröllchen bestreuen. Dazu ein Bier!

Radieschen und Rettich

Einkauf Markt, Gärtnerei, Handel
Saison April bis Oktober aus dem Freiland, sonst Gewächshaus
Herkunft Deutschland, Niederlande
Qualität fest, unverletzt, nicht aufgeplatzt, Rettiche ohne Wurmlöcher, Grün frisch ohne gelbe Blätter
Lagerung 1–2 Tage in feuchtem Tuch im Kühlschrank, Gemüsefach
Tiefkühlen nein
Vorbereitung waschen, Wurzeln entfernen, Grün abschneiden (siehe Tipp 15 auf Seite 26)
Zubereitung als Rohkost – aus der Hand oder in Salaten; gebraten, gedünstet

Tipp 12: Brot, Butter, Radieschen, Salz – Schnittlauch nach Gusto

13 Radi-Deko

Hobelt man auf einer Mandoline oder dem Julienneschneider feine Radieschenstifte über einen Salat, sieht das nicht nur entzückend aus, es gibt knackigen Biss und sorgt für eine erfrischende Note! (Siehe Kohlrabi-Carpaccio Seite 45.)

14 Die Rettich-Zieharmonika

1 Den gewaschenen Rettich zunächst quer einschneiden, und zwar dicht nebeneinander – so, als ob man dünne runde Scheiben schneiden will, jedoch nicht durch-, sondern nur zu zwei Dritteln einschneiden.

2 Den Rettich um 90 Grad um seine Achse drehen und nun schräg ebenso zu zwei Dritteln einschneiden, wiederum nur 1 bis 2 mm dünn.

3 Jetzt den Rettich am Stiel hochziehen, um die Zieharmonika zu zeigen. Mit Salz so einreiben, dass es rundum in die Einschnitte dringt und den Rettich zum Weinen bringt.

15 Radieschenblätter

... sind zu schade zum Wegwerfen! Junge Freilandblätter oder aus dem Treib- oder Folienhaus eignen sich als Salat, sind auch fein

Tipp 15: Radieschenblättersuppe – köstlich auch mit Jakobsmuscheln als Einlage. Man kann die Suppe auch nur mit krossen Croûtons bestreuen. Statt der Jakobsmuscheln auch Würfel von zartem Fischfilet verwenden, Lachs, Scholle, Zander oder Forelle.

RETTICH-ZIEHARMONIKA

Tipp 14: Schritt 1: Haare wegschneiden; Schritt 2: enge Schnitte setzen; Schritt 3: 90 Grad drehen, erneut einschneiden, diesmal aber schräg; Schritt 4: so entsteht Zieharmonika; Schritt 5: Rettich salzen; Schritt 6: nach kurzem „Ausweinen", ist der Rettich fertig zum Genuss!

gehackt eine gute Würze an Wurst-, Fleisch- oder Fischsalaten. Oder die Basis für eine köstliche Cremesuppe: zuerst eine Zwiebel in Butter andünsten, eventuell eine kleine Kartoffel zufügen, für die schönere Bindung. Alles mit Brühe weich kochen, etwas Sahne angießen, gut würzen. Erst dann die Blätter zufügen und alles mit dem Mixstab zur leuchtend grünen Cremesuppe pürieren. Mit Radieschenstiften garnieren.

SCHWARZWURZELN

Dass man sie (weil sie geschält so ähnlich aussehen und billig sind) „Spargel des kleinen Mannes" nennt, tut ihnen Unrecht: Sie sind ein ganz wunderbares, eigenständiges und köstliches, hierzulande sehr unterschätztes Gemüse!

16 Vorbereitung

Die Wurzeln gründlich bürsten und waschen, dann braucht man sie nicht zu schälen – vor allem, wenn man sie längs in dünne Scheiben hobelt. So kann man sie entweder roh als Salat essen, als Bett für andere Dinge locker auf einem Teller anrichten oder über einen Rindfleischsalat drapieren.

17 Zubereitung

Man kann sie aber auch ungeschält kochen für weitere Zubereitungen, danach lässt sich die Haut leicht von den gegarten Stangen streifen und man hat keine Probleme mit der milchigen Flüssigkeit, die beim Anschneiden der rohen Stangen austritt. Sie oxidiert und wird schnell braun, entwickelt außerdem eine scheußliche Klebrigkeit, die sich beim Kochen verstärkt.

SCHWARZWURZEL-SALAT

Die längs in dünne Streifen gehobelten Bänder, die durch die braunschwarze Schale hübsch gerandet sind, mit Avocadowürfeln, fein gewürfelter roter Zwiebel und gehackter Petersilie in einer Senf-Vinaigrette ohne Öl (das übernimmt die Avocado) umwenden.

SCHWARZWURZEL-GEMÜSE

Schwarzwurzeln in etwa 4 cm lange, schräge Stücke schneiden und bissfest kochen, mit gehacktem Ei und kompletter Senf-Vinaigrette umwenden. Auch gut zusätzlich mit Kapern, grünem Pfeffer gewürzt und mit Kartoffelscheiben.

Abhilfe: geschälte Stücke unverzüglich in eine Schüssel mit Wasser fallen lassen, das mit Essig oder Zitronensaft gesäuert wurde. Es empfiehlt sich, zum Schälen Handschuhe zu tragen oder wenigstens vorher die Hände nass zu machen und mit Zitronensaft einzureiben.

18 Klassisch reloaded

Als klassischer Wintergenuss: Schwarzwurzeln geschält, in Essigwasser bissfest gekocht und dazu Pellkartoffeln, Schinken und Sauce Hollandaise (siehe Tipp 60 auf Seite 63)! Nun doch in Anklang an Spargel!

Schwarzwurzeln

Einkauf Handel, Markt
Saison November bis April
Herkunft Belgien, Niederlande, Frankreich, Deutschland regional
Qualität Stangen gleich dick und lang, fest, gerade und walzenförmig, nicht spitz zulaufend, ohne Schrunden/Verletzungen
Lagerung in feuchtes Papier gewickelt im Kühlschrank 1–2 Wochen
Tiefkühlen als fertiges Gericht (gedünstet, gekocht oder püriert)
Vorbereitung gründlich bürsten und waschen; Weiteres siehe links
Zubereitung als Rohkost; gekocht, gedünstet, gebraten

Tipp 17: Wenn man die frischen Wurzeln anschneidet, tritt ein milchiger Saft aus.

KOHL UND KONSORTEN

Lange hatte Kohl in Feinschmecker-
kreisen keinen guten Ruf: langweilig! Bieder! Einfallslos! Und es wurde
gern die Nase gerümpft: Kohlgeruch
steht sprichwörtlich für Armut. Aber
so weit darf man es gar nicht erst
kommen lassen: Frischer Kohl duftet
und stinkt nicht. Das tut er nur,
wenn man ihn zu lange gelagert
und / oder zu Tode gekocht hat.

Einer rund und einer spitz –
der Weißkohl und der Spitzkohl

WEISSKOHL UND SPITZKOHL

Der Weißkohl mit seinem runden
Kopf unterscheidet sich schon auf
den ersten Blick vom Spitzkohl, der
seinem Namen natürlich alle Ehre
macht. Spitzkohl von den Fildern
oberhalb Stuttgarts war früher der
beste fürs Sauerkraut.

19 Jahreszeiten
Die jungen Sommer-Kohl-
köpfe sind lockerer, ihre Außenblätter dunkler – weil sie ja der Sommer-
sonne ausgesetzt waren – als die
vom Winterkohl. Zum Lagern nimmt
man nur das feste innere Haupt, das
vor dem Verkauf noch einmal
geschält wird. Das Herz ist zart und
genau richtig für einen rohen Salat.
Bei ausgewachsenen Kohlköpfen
empfiehlt es sich, den wulstigen Teil
der Blattrippen – der hier schön zu
erkennen ist – jeweils flach abzuschneiden, wenn die Blätter für
Krautwickel einzeln abgehoben

Weißkohl und Spitzkohl

Einkauf Handel, Markt
Saison vom Freiland ab Mai/Juni
bis Oktober, danach aus Lager-
beständen bis zur neuen Ernte
Herkunft Region, Niederlande,
Spitz- und früher Sommerkohl aus
Italien, Spanien, USA
Qualität feste, geschlossene Köpfe,
die nicht aufgebrochen sein dürfen
oder Risse zeigen
Lagerung 2–3 Wochen im Kühl-
schrank, auch angeschnitten
(vor Zubereitung neu anschneiden)
Tiefkühlen nicht nötig
Vorbereitung welke oder beschä-
digte Außenblätter entfernen, Kopf
vierteln, Strunk ausschneiden,
Blätter quer in Scheiben oder
Streifen schneiden
Zubereitung roh als Salat; gekocht,
gedünstet, gedämpft, im Wok

Tipp 19: Moritz entfernt die äußeren Blätter des Spitzkohls, den er gerade frisch im Garten geerntet hat. Das Herz ist zart und genau richtig für einen rohen Salat.

werden. Für gedünstetes oder geschmortes Gemüse ist das nicht nötig, da man die Viertel ja quer in dünne Scheiben schneidet oder hobelt, die dann zu Streifen auseinanderfallen.

KRAUTSALAT

Viertel vom dicken Strunk befreien, dann quer in sehr feine Streifen hobeln, mit Salz durchkneten. Das bricht die Zellstruktur auf, der Salat wird zart, bleibt aber knackig. Ausgetretenen Saft abgießen, eventuell auch auswaschen. Mit einer Vinaigrette (siehe Tipp 41 auf Seite 49) anmachen.

KOHLGEMÜSE

In breitere Streifen oder Flecken schneiden und in Olivenöl, Schmalz oder Butter andünsten. Nur salzen und pfeffern – bissfest halten, nicht weich werden lassen. Junger Spitzkohl ist nach 1–2 Minuten fertig! Ausgewachsener Sommerkohl braucht 4–5 Minuten, Winterkohl muss noch bei milder Hitze etwas schmurgeln und nachziehen, um gar zu werden. Stets zum Schluss einen Schuss Essig oder Zitronensaft zufügen – gibt Frische und hebt den Geschmack.

Tipp 21: Zu den mediterranen Weiß- und Rotkrautsalaten wird Souflaki (griechische Fleisch-spieße) serviert – falls es doch mal Fleisch sein soll.

BLAUKRAUT / ROTKOHL

Die Farbe hängt von der Beschaffen-heit der Böden ab: Wo sie einen niedrigen pH-Wert haben, also sauer sind, sind die Blätter des Kohlkopfes eher rot, von kalkigen Böden mit hohem pH-Wert eher blau.

20 Blau oder rot?
Wenn man Blaukraut ohne Säure zubereitet, bleibt es blau – wie man es in Bayern liebt. Fügt man erfrischende, appetitanregende Säure hinzu (Zitronensaft, Essig, Rotwein), rötet es sich.

21 Wozu der Kohl am besten passt
Rotkohl oder Blaukraut gilt im Allgemeinen als herzhaftes, herbstlich-winterliches Gemüse. Man serviert es zu fettem Geflügel, zu Ente, Gans oder Täubchen, und klassischerweise zu Wild. Die jungen, sommerlichen Köpfe sind beste Rohkost.

ROTKOHLSALAT
Fein geschnittenen Kohl mit Salz durchkneten (siehe Weißkohl) – das macht ihn mürbe, gibt zarteren Biss. Kurz abspülen und einfach mit Zitronensaft, Senf und Olivenöl anmachen.

22 Das traditionelle Gemüse

Oder für Gemüse in Gänse- oder Schweineschmalz, Öl oder Butter andünsten, nach Belieben einen halben blättrig geschnittenen Apfel zufügen. 2 Zuckerstückchen am Topfboden karamellisieren, mit 2 EL Apfelessig ablöschen, gut durchmischen und zugedeckt auf sanfter Hitze im eigenen Saft 15 bis 30 Minuten gar schmurgeln (Sommerkohl ist schneller weich als gelagerter). Eventuell einen Schuss Apfelsaft oder Brühe angießen, damit nichts ansetzt.

Tipp 22: Martina hobelt Rotkohl für das traditionelle Kohlgemüse.

Blaukraut / Rotkohl

Einkauf Handel, Markt
Saison Juni bis März
Herkunft regional
Qualität fest, dicht geschlossen, unversehrte Außenblätter
Lagerung 6 Wochen im Kühlschrank, auch angeschnitten bis 14 Tage (mit einem immer wieder angefeuchteten Küchenpapier abgedeckt; die Schnittfläche vor Gebrauch frisch anschneiden)
Tiefkühlen lohnt sich nicht
Vorbereitung waschen, welke Außenblätter entfernen, faule oder schimmlige Stellen abschneiden; halbieren oder vierteln, Strunk ausschneiden, in Streifen hobeln
Zubereitung als Rohkost, Salat; gekocht, gedünstet, geschmort

WIRSING

Auch der Wirsing ist hierzulande eigentlich kein Wintergemüse, sondern hat seinen geschmacklichen Höhepunkt im Sommer, nur im Mittelmeerraum hat er von November bis März Saison. Eine besondere Spezialität ist der Maiwirsing mit großen, lockigen, hellgelben, herrlich zarten Blättern, der bereits vor dem Winter ausgesät wird und in milderen Regionen (Rheinland) den Winter übersteht.

23 Grundrezepte
Eine der einfachsten und gleichzeitig delikaten Zubereitungen: den Kopf vierteln, in Butter oder Öl kurz dünsten. Nur salzen und eventuell mit etwas Muskat würzen.

Festere Blätter in mehr Fett (Gänse- oder Schweineschmalz, Speck) länger schmoren, um die Fasern aufzuschließen und den Kohl besser verdaulich zu machen. Leichter und feiner wird das Gemüse ohne Speck, nur in Olivenöl angebraten und mit etwas Chili gewürzt.

Außerdem eignet sich Wirsing bestens für den Wok – entweder als alleiniges Gemüse mit den üblichen Gewürzen, besonders gut thailändisch (siehe Tipp 111 auf Seite 106) oder in Mischgerichten.

Wirsing

Einkauf Handel, Markt
Saison Freiland Mai bis November, im Winter aus Lagerbeständen
Herkunft Region, Italien, Spanien, Niederlande
Qualität lockere, dennoch stabile Köpfe, Außenblätter grün und straff, Herz knackig gelb, auf keinen Fall angewelkt
Lagerung Kühlschrank 2–3 Wochen
Tiefkühlen unnötig
Vorbereitung beschädigte Außenblätter entfernen, Kopf vierteln, Strunk ausschneiden; wenn in ausgereiften Köpfen die Blätter dick und eng zusammengewachsen sind, sie quer in feine Streifen schneiden; blanchieren, um die schöne grüne Farbe zu erhalten (Tipp 104 auf Seite 99)
Zubereitung gekocht, gedämpft, gedünstet, gebraten, im Wok

24 Krautwickel
Wirsingblätter eignen sich hervorragend zum Füllen, also für Krautwickel, Laubfrösch' oder noch kleinere Röllchen, etwa die köstlichen Capuns aus Graubünden. Dafür muss man allerdings die dicken und widerspenstigen, bei ausgewachsenen Köpfen auch faserigen Stiele sorgfältig rausschneiden. Als Füllung eignet sich eine Hackfleischfarce

WIRSINGBLÄTTER

Tipp 24: Wenn die Außenblätter entfernt sind, die schönen Blätter vorsichtig abheben, sodass sie nicht zerreißen – bei jungen Köpfen geht das einfach, bei älteren muss man eventuell den Kopf jeweils 1 bis 2 Minuten in einem großen Topf mit viel Wasser kochen, damit sie weich werden und sich voneinander lösen. Die harten Blattrippen ausschneiden, die Blätter in Salzwasser blanchieren (siehe Tipp 104 auf Seite 99), damit sie weich werden, und abschrecken (falls sie noch roh waren). Hat man zum Füllen nur noch Blattabschnitte, diese einander überlappend und überstehend in ein Schälchen betten, Füllung hineinsetzen, herausheben und zu einem Wickel verschließen.

(siehe Tipp 88 auf Seite 86) oder, für die Capuns, ein mit Brot, Zwiebeln, klein gehackten Wurst- und Speckresten und Kräutern angereicherter Spätzle-Teig.

GRÜN-/BRAUNKOHL, SCHWARZ- UND PALMKOHL

Noch mehr Verwandtschaft der unendlichen Großfamilie mit Nachnamen *Brassica:* Grünkohl liebt man eher im Norden, wo man verschiedene Sorten anbaut, die heute alle grün sind. Trotzdem sagt man im Bremischen und Braunschweigischen Braunkohl, weil früher dort der Langkohl gebräuchlich war, dessen Blätter braunviolett schimmerten. Er ist inzwischen ebenso vom Markt verschwunden wie die echte Lippische Palme, der Rezeptname aber ist geblieben.

Der oft stundenlang geschmorte Brei wurde (und wird) mit deftigen Zutaten serviert: Speck, frischem Bauchfleisch und herzhaften Würsten – Mettenden, Pinkel (Grützwurst, im Nordwesten) oder Bregenwurst (ursprünglich mit Hirn = Bregen, seit der BSE-Krise nur noch aus Mett, meist leicht geräuchert, im Nordosten beliebter), Salzkartoffeln und Korn (Weizenbrand) oder Köm (Aquavit).

Grün-/Braunkohl, Schwarz- und Palmkohl

Einkauf Handel, Markt, Gärtnereien
Saison Spätherbst/Winter, nach dem ersten Frost, bis in den März
Herkunft regional, Deutschland
Qualität unversehrte, straffe Blätter, feste Stiele
Lagerung 1 Woche im Kühlschrank
Tiefkühlen als zubereitetes Gericht
Vorbereitung Blätter von Stielen streifen, eventuell blanchieren
Zubereitung gekocht, geschmort

25 Pfiffiger Eintopf

Für ein Curry thailändische Currypaste (rot oder grün) in Öl anrösten, Kartoffelwürfel und Grün- oder Schwarzkohl dazu, mit

Tipp 25: Grünkohl mal ganz anders: aus dem Wok mit Currypaste und Kokosmilch

Kokosmilch schmurgeln – schmeckt super, sogar ganz ohne jedes Fleisch!

ERKENNTNIS: Man muss den Grünkohl weder so lange kochen, wie man das traditionellerweise tut, noch mit so viel Fett zubereiten wie einst – dann kommt ein ganz wunderbares, leichtes Gemüsegericht dabei heraus. Es wird bekömmlicher durch Knoblauch und vor allem Ingwer und Chili in der Currypaste!

Der toskanische Schwarzkohl oder auch Palmkohl hingegen kommt erst seit kurzem ab und zu auf unsere Märkte, von interessierten Gärtnern, die mal was Neues ausprobieren wollen. Die Blätter beider Kohlarten sind zarter und garen schneller.

ROSENKOHL

Die hübschen, walnusskleinen Kohlköpfchen wachsen in den Blattachseln an einem etwa hüfthohen Stiel, den ein stattlicher Blattschopf krönt. Dessen Blätter sind übrigens jung ebenfalls essbar.

26 Grundrezept
In Salzwasser blanchieren, um die schöne grüne Farbe zu erhalten. In Butter dünsten oder in Öl braten. Würzen mit Salz, Pfeffer und Muskat, auch mit Chili und einer Zuckerprise.

27 Beilage zu Wild
Die Köpfchen in einzelne Blätter teilen, in Butter rasch braten, knackig lassen!

Rosenkohl

Einkauf Handel (Röschen im Netz), Markt, auf Bauernmärkten auch am dekorativen Stiel, an dem sie viel länger frisch bleiben
Saison ab September, Hauptzeit ab November, nach Frost
Herkunft regional, Niederlande, Spanien, Italien
Qualität je kleiner die Röschen, um so zarter und feiner; fest, geschlossene Köpfchen, grün mit weißen Blattadern, auf keinen Fall gelblich
Lagerung 1 Woche im Kühlschrank oder auf dem Balkon
Tiefkühlen möglich, aber unnötig
Vorbereitung welke oder verfärbte Blätter entfernen; Stiel kappen, kreuzweise einschneiden (garantiert gleichmäßiges Garen), größere Köpfchen senkrecht halbieren (verkürzt die Garzeit); blanchieren
Zubereitung gekocht, gedünstet, gebraten, geschmort

KOHLRÖSCHEN

Gekreuzt aus Rosenkohl und Rotkohl. Relativ neu auf unseren Märkten. Ein hübsches, sehr wohlschmeckendes Gemüse, das blitzschnell zubereitet ist.

28 **Grundrezept**
Idealerweise die Kohlröschen im Wok in wenig Öl pfannenrühren (woken). Gewürz: Salz, Pfeffer, nach Belieben etwas Zwiebel, Knoblauch und Chili mitbraten. Gut passt auch Ingwer!

BLUMENKOHL UND ROMANESCO

Blumenkohl gedeiht bei uns im Sommer, ab Herbst hat er in der Bretagne Hochsaison, und im Süden Europas ist er ein Wintergemüse. In Sizilien liebt man Blumenkohl auch in kräftigem Lindgrün und leuchtendem Lila; das sieht sehr hübsch aus, allerdings verblasst die Farbe leider beim Kochen. Aber der Geschmack ist deutlich kräftiger als vom weißen Blumenkohl. Die bunten Köpfe waren schon in der Renaissance Mode, ebenso der Romanesco, auch Türmchen- oder Minarettkohl genannt, dessen Röschen spitz zulaufen und lindgrün locken.

Eine Kreuzung aus Rosenkohl und Rotkohl – Kohlröschen

Kohlröschen

Einkauf Markt, bei Bio-Bauern, in guten Gemüseshops
Saison den ganzen Winter hindurch, braucht Frost
Herkunft regional
Qualität feste, knackige Blätter, Schnittstelle nicht total ausgetrocknet oder faserig
Lagerung im Kühlschrank in gelochtem Folienbeutel 1–2 Wochen
Tiefkühlen ungeeignet
Vorbereitung Füßchen abschneiden, gründlich waschen, gut abtropfen
Zubereitung nicht kochen, stattdessen gebraten oder im Wok

Blumenkohl und Romanesco

Einkauf Handel, Markt

Saison rund ums Jahr

Herkunft Deutschland, Frankreich, Italien

Qualität feste, weiße Röschen; Köpfe mit schwarzen Flecken, welke und gelblich verfärbte liegen lassen!

Lagerung 2–3 Tage im Kühlschrank; länger gelagert entwickelt er beim Kochen den wenig geschätzten Kohlgeruch

Tiefkühlen bedingt – nur für Püree oder Cremesuppe gut

Vorbereitung waschen, je nach Zubereitung in Röschen zerteilen

Zubereitung gekocht, gedämpft, gedünstet, blanchiert und überbacken, gebraten, im Wok; als Rohkost

Besonders hübsch anzusehen: die spitzen Türmchen des Romanesco

einerseits durch (bestes! und vorzugsweise mildes) Olivenöl fülligen, andererseits durch Zitronensaft erfrischenden Mayonnaise, die durch eine Zugabe von Joghurt noch leichter gemacht werden kann.

Dafür 2 Eigelb, 3 Knoblauchzehen, 1 TL Senf, 2–3 EL Zitronensaft, etwas Zitronenschale, Salz, 1 Prise Zucker, Pfeffer, 1 Spritzer Worcestershire-Sauce, 1 Prise Cayennepfeffer und ca. 200 ml Olivenöl in einem Mixbecher mit dem Pürierstab zur cremigen Mayonnaise aufschlagen. Nach Gusto 2–3 EL Joghurt unterrühren, um sie leichter zu machen. Aber unbedingt von Hand, die Mayonnaise wird sonst zu flüssig!

29 Köstliche Rohkost

Die Röschen schmecken roh, sind ein wunderbar knackiger Salat, klein geschnitten und mit einer Vinaigrette angemacht. Zum Knabbern lässt man die Röschen eher groß und stippt sie in eine Zitronen-Mayonnaise:

30 Das Prinzip: Mayonnaise

Die meisten rohen Gemüse schmecken besonders gut mit einer

31 Mayonnaise-Varianten

Nach Belieben zusätzlich der Mayonnaise ein einziges Kraut

Tipp 30: Zutaten
für die perfekte
Mayonnaise

zufügen (mehrere bringen hier nicht
kulinarischen Gewinn, sondern
stiften nur Verwirrung), zum Beispiel
Minte, Estragon, Kerbel, Basilikum.

32 Grundrezept

Blumenkohlröschen werden,
damit sie weiß bleiben, am besten in
einem Sud aus Salzwasser, Zitronensaft und etwas Milch bissfest gekocht
oder ohne jede Zutat einfach im
Dampf (100 Grad) gegart, in etwa
einem Zehntel der Zeit sogar im
Schnellkochtopf. Danach kann man
sie als Salat mit Vinaigrette anmachen, in kräftig gewürzter
Tomatensauce erwärmen, als Auflauf
in Béchamelsauce mit Käse und
Semmelbröseln überbacken.

33 Blumenkohlsuppe

Die Stiele ergeben, wenn
man sie vorher abschneidet und im
Blumenkohlsud absolut weich kocht,
glatt gemixt eine herrlich cremige
Sauce; mit mehr Sud verdünnt und
eventuell noch mit einem Schuss
Sahne verfeinert eine Blumenkohl-
cremesuppe.

BROCCOLI UND RAPA

Am Broccoli scheiden sich die
Geister – es gibt erbitterte Gegner,
und seit sich der US-Präsident
George H. W. Bush (Vater) geoutet
hatte, wurde es plötzlich gesell-
schaftsfähig, Broccoli abzulehnen.
Jedoch gilt das schmucke Gemüse
weiterhin als unfassbar gesund.

Rapa (italienisch *Cime di Rapa,* weil
man nur die Spitzen verwendet)
oder Stängelkohl ähnelt dem
Broccoli, allerdings sind die Knos-
penbüschel kleiner und lockerer, der
Geschmack ist dafür herzhafter.

Broccoli und Rapa

Einkauf Handel, Gärtnereien
Saison ganzjährig
Herkunft im Sommerhalbjahr
regional aus Deutschland, im
Winterhalbjahr aus mediterranen
Ländern
Qualität fest, Blätter nicht welk,
Broccoli alle Blüten geschlossen,
dunkelgrün, nicht gelblich matt
Lagerung 2 Tage im Kühlschrank
Tiefkühlen Broccoli nach
Blanchieren
Vorbereitung welke Teile entfer-
nen, dickere Broccolistiele schälen
Zubereitung gekocht, im Wok,
gedünstet

34 Die berühmten Inhaltsstoffe

Tatsächlich stecken in Broccoli fast doppelt so viel wertvolle Mineralstoffe und Vitamine wie in allen anderen Kohlarten: Kalium 373 mg, Calcium 105 mg, Magnesium 24 mg, Vitamin C 115 mg und Vitamin A 140 µg. Allerdings gelten diese Werte für den rohen Kohl – beim Garen verschwindet davon mehr als ein Drittel ...

35 Wichtig

Broccoli ist sehr schnell gar, viel schneller noch als Blumenkohl. Deshalb kann man die beiden eigentlich nie miteinander verarbeiten. Es genügt, die Stiele eine Minute im Wok umherzuwirbeln und die Röschen im Eintopf zum Schluss nur noch eben für die letzte Minute unterzumischen.

CHINAKOHL, SENFKOHL UND PAK CHOI

In der weitverzweigten Kohlfamilie versammeln sich unter dem lateinischen Namen *Brassica rapa sinensis* diese drei ziemlich unähnlichen und trotzdem nah verwandten Gemüse aus Asien, die man auch bei uns zunehmend schätzt und häufig anbaut.

Alle drei Arten gibt es in unterschiedlichen Varianten und Farben, da sie sich untereinander und mit anderen Kohlsorten kreuzen lassen – deshalb herrscht in ihrem Bereich eine große begriffliche Verwirrung.

36 Chinakohl

Chinakohl bildet unterarmlange, oft stattliche, bis zu mehrere Kilo schwere, längliche bis ovale Köpfe mit breiten weißen Stielen, die erst am oberen Ende zu hellgelben oder orangen, kruscheligen Blättern werden. Die fast zähen, lockeren Außenblätter muss man entfernen.

Chinakohl, Senfkohl, Pak Choi

Einkauf Handel, Markt, Gärtnerei, Asialäden

Saison ganzjährig

Herkunft im Winter teilweise aus dem Süden, Niederlande und Asien, im übrigen Jahr auch regional aus Deutschland

Qualität keine welken oder angegilbten Blätter

Lagerung Chinakohlherzen in Folie verpackt 2–4 Wochen im Kühlschrank, Senfkohl und Pak Choi nur 3–4 Tage

Tiefkühlen nein

Vorbereitung waschen, abtropfen

Zubereitung Chinakohl als Rohkost, eingelegt (fermentiert); alle gedünstet, im Wok

Pak Choi

Wird als Salat gegessen, gedünstet oder ebenso wie die beiden folgenden Arten gewokt.

37 Senfkohl
Senfkohl treibt zarte, knackige, durchgehend grüne Stiele, die am oberen Ende etwas dunklere, gekräuselte Blätter bilden. Man isst ihn, wenn bereits gelbe Blüten sichtbar werden.

38 Pak Choi
Pak Choi, ein Lieblingsgemüse der Chinesen, hat sehr fleischige, jedoch kurze, knackige, weiße Stiele, die in runden, dunkelgrünen Blättern enden. Die Shanghai-Variante hat grüne, weniger dicke Stiele.

KOHLRABI

Man mag kaum glauben, dass auch er zu der weitverzweigten Familie *Brassica* gehört, weil er keinen blättrigen Kopf, sondern die Stängel über der Erde eine Verdickung ausbilden. Die oben und unten abgeflachten Kugeln sind von einer hellgrünen bis weißlichen, andere Sorten auch von einer violetten, immer wachsigen Schale umgeben. Das stets weiße Fleisch ist im Idealfall zart, knackig und knusprigfest. Aus Gewächshaus oder Folientunnel sicherer zart als im Sommer aus dem Freiland. Zu lange oder trocken gestandene Exemplare können von der Wurzelseite her faserig bis holzig sein, was man aber von außen nicht sieht. Die Blätter an den fleischigen, langen Stielen sind jung essbar, fein geschnitten im Salat oder auch gedünstet.

39 Roh schmeckt Kohlrabi am besten!
Einfach so, pur, als Knabbergemüse. Oder mit einem Mayonnaise-Dip (siehe Tipp 30 auf Seite 41).

KOHLRABI-CARPACCIO

Kohlrabi schälen, auf dem Gemüsehobel in hauchfeine Scheiben hobeln, mit etwas Salz bestreuen und kurz Saft ziehen lassen. Dann mit Olivenöl und Zitronensaft marinieren, dachziegelartig auf einem Vorspeisenteller rund anrichten. Hauchdünnen rohen Schinken locker darauf verteilen, mit feinen Radieschenraspeln und Schnittlauchröllchen bestreuen. Einen Faden von Olivenöl darüberziehen und Kleckse von Balsamico träufeln.

KOHLRABIGEMÜSE

Für Kohlrabigemüse in Scheiben oder Stiften in Butter oder Olivenöl kurz dünsten – unbedingt Biss bewahren, nicht weich werden lassen! Nur salzen und pfeffern, die fein gehackten Innenblättchen und Petersilie, Kerbel oder Estragon unterrühren.

Kohlrabi mal anders – als Carpaccio!

Kohlrabi

Einkauf Handel, Gärtnerei, Markt
Saison Gewächshaus ganzjährig, Freiland Mai bis September
Herkunft regional, Italien, Niederlande
Qualität feste Knollen, keinesfalls aufgesprungen oder rissig, knackige Stiele mit frischen Blättern
Lagerung im Kühlschrank 3–5 Tage (Blätter entfernt)
Tiefkühlen in Stücke / Scheiben geschnitten gedünstet oder blanchiert
Vorbereitung Stiele und holzigen Boden abschneiden, schälen, in Scheiben, Würfel oder Stifte schneiden; zarte, junge Blätter klein hacken.
Zubereitung als Rohkost; gedünstet

BLÄTTER, SPROSSEN, STIELE UND KNOSPEN

SALATE

„Geh mal einen Salat kaufen", sagen wir und meinen: Kopfsalat oder Lollo rosso, Endivie oder Feldsalat. Also Pflanzen mit Blättern, die man dann als Salat anrichtet. Salat bereitet man freilich auch aus Kartoffeln, Tomaten oder Gurken zu. Mit Salat bezeichnen wir also einmal eine Zubereitungsart, die sich übrigens von lateinisch *sal,* Salz, ableitet. Und meinen andererseits eine Pflanzengruppe, deren Blätter man als Salat isst. Wir unterscheiden zwei große Familien von Blattsalaten (neben mehreren kleineren).

40 Lattich- und Zichorien-Familie

LACTUCA, der botanische Name, dieser wiederum abgeleitet von *lactis,* Milch, denn beim Anschneiden tritt eine weiße Flüssigkeit aus. Hierzu gehören neben dem Kopfsalat der Romana (Römer- oder Römischer Salat, Lattich, Koch- oder auch Bindesalat – der so heißt, weil er früher zugebunden wurde, um die Blätter zu bleichen), Eichblattsalat, Lollo rosso/bianco, Batavia, Pflücksalat, Eisberg- oder Eissalat.

ZICHORIEN-FAMILIE: Was wir Chicorée nennen, heißt in Frankreich *endive.* Und unser Endiviensalat wird dort *chicorée* genannt. Beide stammen vom selben Urahn ab, der Wegwarte (lat. *Cichorium intybus*). Aus dieser hat man zunächst die Wurzelzichorie gezüchtet (um daraus Kaffeeersatz – „Muckefuck", „Landkaffee" – zu gewinnen), daraus dann Chicorée, Radicchio, Catalogna und Zuckerhut entwickelt, die wir im Anschluss eingehender behandeln.

KOPFSALAT, ROMANA, EICHBLATT, LOLLO, BATAVIA UND EISBERGSALAT

Einkauf Handel, Markt, Gärtnerei
Saison ganzjährig, regional: Frühjahr bis Herbst
Herkunft Deutschland, Niederlande, Italien, Spanien, Frankreich
Qualität frische, knackige Außenblätter, festes Herz (Kopfsalat), dichter Blätterstand, ohne trockene Ränder
Lagerung 3–7 Tage im Kühlschrank, evtl. im Folienbeutel oder ab und zu benetzt, Eisbergsalat länger
Tiefkühlen nein
Vorbereitung auseinandernehmen (evtl. vorher halbieren bzw. benötigte Blattmenge von außen her abbrechen), waschen, nach Bedarf in Stücke reißen oder schneiden bzw. durch die Blattrippe teilen
Zubereitung angemacht mit Vinaigrette (siehe Tipp 41), Joghurt- oder Salatmayonnaise

Für viele Menschen sind Salatsaucen ein Problem – vor allem die Frage: Wie viel von welchem Essig soll man nehmen? Und: Welche Gewürze und Kräuter passen? Wie bekomme ich die

Sauce cremig? Die im Handel erhältlichen Hilfsmittel werden erstaunlich oft gekauft, sind aber tatsächlich durchweg von wenig befriedigender Qualität. Wir finden, dass eine perfekte Vinaigrette so schnell angerührt ist und so sicher gelingt, dass man sie unbedingt selbst machen sollte:

41 Das Prinzip: Vinaigrette

1 EL Senf (vorzugsweise Dijon-Senf) mit 2 EL Apfel- oder Obstessig (5 % Säure) in der Salatschüssel mit der Gabel zu einer Creme rühren. Mit etwas Salz (Achtung, der Senf ist auch schon salzig) und frisch gemahlenem Pfeffer würzen (nach Geschmack auch einer Prise Zucker oder einem TL Honig) und mit 3–4 EL erstklassigem Öl aufschlagen, das nach und nach dazugeträufelt wird. Der Senf sorgt dafür, dass eine stabile Emulsion entsteht.

Noch stabiler wird die Vinaigrette, wenn Sie eine oder zwei durchgepresste Knoblauchzehen mitmixen. Und am wenigsten Arbeit macht es, wenn Sie alles in einen Mixbecher füllen und mit dem Mixstab pürieren. Dabei können Sie auch gleich mit den Kräutern Ihrer Wahl aromatisieren, also eine grüne Vinaigrette herstellen.

VINAIGRETTE

Tipp 41: Ganz einfach – aus Senf, Essig, Salz, frisch gemahlenem Pfeffer (nach Geschmack auch etwas Zucker oder Honig) und erstklassigem Öl wird eine Vinaigrette gerührt.

42 Vinaigrette: Das Öl

Das Öl wählen Sie nach Ihrem persönlichen Geschmack aus. Wir empfehlen Olivenöl, immer extra vergine (also beste Qualitätsstufe), bitte von keinen Industrieproduzenten. Die Olivenöle großer Marken sind nie erstklassig. Lieber ein handwerkliches Olivenöl kaufen (zum Beispiel bei einem Weinimporteur). Solch ein Öl ist teurer als Raps-, Sonnenblumen- oder Erdnussöl, aber es ist gesünder und bringt Geschmack ein. Außerdem emulgiert es leichter.

43 Vinaigrette: Varianten

Variieren Sie mit Essigen. Weinessig mit 6–8 % entsprechend vorsichtiger dosieren, eventuell auch einen Schuss Balsamico zusetzen (reiner Balsamico macht den Salat zu süß, zu wenig erfrischend). Und spielen Sie mit Öl: Aromatische Sorten, etwa Walnuss-, Haselnuss-, Mohn- oder Kürbiskernöl, bringen neue Aspekte.

Versuchen Sie mal Zitronen- oder Limettensaft statt Essig – Sie erhalten eine sehr erfrischende Salatmarinade, die dann keine Vinaigrette (von frz. vinaigre = Essig) mehr ist, sondern eine Zitro- oder Limonette. Allen diesen Saucen tun jeweils auch ein paar Tropfen Balsamico gut!

44 Vinaigrette: Kräuter

Kräuter klein geschnitten erst ganz zum Schluss in die Marinade rühren – ganz nach persönlichem Geschmack: Schnittlauch passt immer, zusätzlich Estragon schmeckt besonders gut zu Endivien, Borretsch und Dill zu Gurken, Basilikum zu Tomaten, Kresse zu Kartoffeln, Petersilie zu Blumenkohl. Aber eigentlich gehen alle Mischungen, nur auf die hartblättrigen mediterranen Kräuter (Rosmarin, Thymian, Salbei etc.) lieber verzichten.

45 Vinaigrette: Gewürze

Gewürze lassen sich ebenfalls vielfältig einsetzen: neben Knofel natürlich Zwiebeln oder Schalotten (diese möglichst fein gewürfelt nach dem Mixen zugeben oder mit den Salatzutaten), Wasabi oder Meerrettich für beißende, Chili für eher brennende Schärfe, Vanille zu Kohlsalaten und Spargel.

SALATHERZEN

Vor allem Spanien liefert eine relativ neu entwickelte Kreuzung zwischen Kopf- und Romanasalat, die sogenannten Salatherzen. Die Blätter sind fester als vom Kopfsalat, halten daher länger (auch im angemachten Salat), sind ebenfalls stark gekräuselt, während die länglich ovalen Köpfe mehr dem glatteren Romana ähneln. Diese Herzen kann man roh als Salat genießen, aber auch kochen oder dünsten (zum Beispiel mit Erbsen, siehe Rezept Erbsen auf französische Art auf Seite 104).

ENDIVIE UND ZUCKERHUT

Es gibt prinzipiell zwei Arten Endiviensalat: den breitblättrigen, den man bei uns in Deutschland hauptsächlich findet, und den krausen, mit sehr gefiederten Blättern, der in Frankreich beliebter ist. Die gelben Herzblätter sind nicht etwa welk, wie manche Menschen glauben, sondern besonders zart und am wenigsten bitter. Man erzeugt sie durch Aufsetzen von speziellen Hauben, durch enges Nebeneinanderpflanzen oder durch Zusammenbinden: Da sie so kein Licht mehr bekommen, bilden sie kein Chlorophyll und weniger Bitterstoffe aus.

Tipp 46: Beim Kauf eines Endiviensalats auf ein gelbes Herz achten.

46 Vorbereitung

Die krause Endivie schneidet oder zupft man quer in mundgerechte Stücke, die breitblättrige quer in Streifen, den Zuckerhut muss man fein schneiden – je feiner, desto besser. In gemischten Salaten machen sich alle drei Varianten gut, denn ihre zarte Bitterkeit belebt die Zunge und sie halten auch eine gewisse Zeit durch, ehe sie wie Kopfsalatblätter zusammenfallen.

47 Grundrezepte

Alle Endivienarten schmecken gut mit einer Senf-Vinaigrette (Tipp 41), die geknofelt sein kann oder mit Estragon gewürzt – bitte immer „oder", nicht „und"! Nehmen Sie Estragon (oder Estragonessig), so sollten Sie fein gehackte rote oder rosa Zwiebel oder violette Schalotte in feinsten Würfeln zufügen. Gut passen auch Tomatenwürfel.

Zu gebratenem Fisch schmeckt köstlich Endivien- oder Zuckerhutsalat in feinsten Streifen. Ganz ohne Essig angemacht, dafür mit Knoblauch, der mit Salz und Olivenöl zur Paste zerdrückt wurde. Nimmt den Atem und versetzt diesen nachhaltig mit kräftigem Duft, schmeckt aber großartig.

CHICORÉE

Chicorée-Kolben entstehen in zwei Etappen: Zuerst wird auf dem Feld die Salatzichorie ausgesät, die eine dicke Wurzel entwickelt. Im Herbst werden diese Wurzeln ausgegraben (die Blätter als Viehfutter verwendet oder als Salat verzehrt) und kommen in die sogenannte Treiberei: In dunklen Räumen sitzen sie in großen Wannen, werden von Wasser umspült und treiben in drei bis vier Wochen Blattsprossen aus. Da ihnen das Tageslicht fehlt, entwickeln sie kein Chlorophyll, bleiben also schön weiß. Grüne Spitzen deuten darauf hin, dass die

Endivie und Zuckerhut

Einkauf Handel, Markt, Gärtnerei

Saison Spätsommer/Herbst, Importe ganzjährig

Herkunft Deutschland regional, Niederlande, Frankreich, Italien, Spanien

Qualität knackige, nicht verwelkte Außenblätter, gelbes Herz

Lagerung 1–2 Wochen im Kühlschrank

Tiefkühlen nein

Vorbereitung siehe Tipp 46

Zubereitung Salatsaucen vorzugsweise mit Zwiebel und Estragon oder Estragon-Essig

Sprossen Licht abgekriegt haben und bitterer sind (auch im Laden – gute Gemüsegeschäfte oder -abteilungen bewahren die Stangen deshalb inzwischen in Kisten mit Deckel auf).

Dieses Verfahren wurde vor mehr als hundertfünfzig Jahren per Zufall in Belgien entdeckt. Chicorée war daher lange belgische, später auch holländische Spezialität und ein ziemlich teures Wintergemüse, weil die Wurzeln erst mal Kälte und danach Wärme brauchten, um auszutreiben. Heute setzt man sie vor dem Antreiben für eine beliebige Zeit ins Kühlhaus, weshalb Chicorée längst rund ums Jahr verfügbar ist und etwas von seiner Exklusivität

Chicorée

Einkauf Handel
Saison ganzjährig
Herkunft Belgien, Niederlande
Qualität Kolben schlank und länglich, nicht kurz und dick (dann könnte innen der Blütenstängel entwickelt sein); schneeweiß, mit hellgelben Spitzen; äußere Blätter straff und glatt
Lagerung in Folie oder Papier gehüllt 1–2 Wochen im Kühlschrank
Tiefkühlen nein
Vorbereitung doch angewelkte oder Blätter mit braunem Rand entfernen
Zubereitung als Rohkost im Salat; geschmort, gebraten, gegrillt, gebacken

Tipp 48: Das untere Ende des Kolbens braucht man nicht mehr wegzuschneiden, kaum ein Chicorée ist heute noch so bitter wie früher.

verloren hat. Ein billiges Gemüse ist er trotzdem nicht.

Mit Radicchio (Seite 56) gekreuzt hat man rosa Chicorée entwickelt – die beiden sind ja botanisch gesehen Geschwister. Die Farbe aber ist nur eine optische Spielerei.

48 Bitterkeit

Das Bittere, das früher sehr ausgeprägt war, hat man dem Chicorée inzwischen ein wenig abgewöhnt. Damals empfahl man, vor der Zubereitung aus dem unteren Ende des Kolbens einen Keil herauszuschneiden – das ist heute nicht mehr nötig.

49 Das schmeckt

Chicorée gibt roh gemischtem Salat Biss und Würze, schmeckt allein mit einer Joghurt-Sahne-Vinaigrette, auch köstlich mit (Blut)orangen. Man kann die Blätter füllen (etwa mit einer Frischkäsecreme oder asienwürzigem Hackfleisch).

Eine pfiffige Beilage ist er längs halbiert oder geviertelt und gegrillt, gebraten oder geschmort.

Tipp 49: Zum knackigen Chicorée mit seinem zartbitteren Geschmack passen fruchtige Aromen. Chicorée-Salat mit Blutorange – auch köstlich mit Fenchel anstatt Chicorée.

RADICCHIO

Heimat des Radicchio ist Venetien. Es steckt die Herkunft der jeweiligen Sorte bereits im Namen: Auf unseren Märkten ständig zur Verfügung ist der rundköpfige Radicchio (sprich Radickio! Das h vor dem i macht das c zum k!), genannt Rosa di Chioggia (gesprochen Kiodscha). Es handelt sich hierbei um das Herz einer großen, locker gebauten, außen grünen Pflanze, das bereits auf dem Acker ausgelöst wird. Mindestens vier Fünftel einer Radicchio-Pflanze sind also Abfall! Denn nur das Herz, vor Licht gut abgeschirmt, ist zartbitter, die äußeren grünen Blätter hingegen sind ungenießbar. Varianten dieser Sorte werden inzwischen auch in Deutschland angebaut. Diese erst in den 80er-Jahren des letzten Jahrhunderts entwickelte Sorte wird hauptsächlich als Salat verspeist.

In Italien selbst sind der längliche, locker gebaute Radicchio di Verona und der Radicchio di Treviso begehrter, der wiederum in zwei Versionen angeboten wird: Als *precoce* (früh) wird das in der Form mehr dem Chicorée ähnelnde Herz ebenfalls auf dem Feld ausgelöst, als *tardivo* (spät) jedoch wie Chicorée in dunklen, warmen Räumen getrieben und daher noch viel zarter, aber auch wesentlich teurer. Getrieben wird auch der wunderschöne, helle, blütenartige Radicchio di Castelfranco. Dieser wird von den Italienern ebenso wie der Radicchio di Milano oder Grumolo nahezu ausschließlich als Salat verspeist, während man die anderen lieber schmort, grillt oder anderswie als Gemüse zubereitet.

Radicchio

Einkauf Markt, rundköpfigen Radicchio gibt's überall, Spezialsorten in guten italienischen Gemüseläden

Saison fast rund ums Jahr; die Sorten di Treviso, di Castelfranco und di Milano November bis März

Herkunft siehe rechts

Lagerung im Kühlschrank; den runden mit feuchtem Tuch zugedeckt einige Tage; Treviso tardivo kürzer

Tiefkühlen ungeeignet

Vorbereitung welke, lasche oder beschädigte Außenblätter entfernen; nicht angeschnitten liegen lassen, Schnittflächen oxidieren, werden braun

Zubereitung siehe Tipp 51

50 Grundrezept

Servieren Sie Radicchio di Chioggia, Castelfranco oder Grumolo mit einer Vinaigrette (siehe Tipp 41 auf Seite 49), die aus halb Rotweinessig, halb Balsamico gerührt wurde – die Bitterkeit der Blätter wird durch die Süße des Balsamico bestens harmonisiert.

51 Zubereitung

Den Trevisano längs vierteln (precoce) oder halbieren (tardivo) und in Olivenöl braten oder schmoren. Beide sind auch vorzüglich im Risotto, klein geschnitten gleich anfangs, also noch vor dem Reis, zugefügt; nach Belieben die zartesten Innenblätter erst zum Schluss hinzufügen, damit noch etwas Biss vorhanden ist.

EXTRA-TIPP

Der Stumpf der dicken Wurzel, welche die Blätter zusammenhält, wird nicht entfernt, sondern nur geschält und mitverwendet – sie schmeckt besonders würzig. Bei roher Verwendung in die Salatsauce reiben!

CATALOGNA, CIMATA / PUNTARELLE

Es handelt sich hier um prinzipiell denselben Abkömmling der Zichorie, der aber in zwei verschiedenen Erscheinungsformen auf den Markt kommt:

52 Catalogna

Das sind fast armlange Stauden, deren lange, dunkelgrüne Blätter mit ihren hellen Stielenden

Catalogna, Cimata / Puntarelle

Einkauf bei nach Italien orientierten Gemüsehändlern
Saison Catalogna ganzjährig, Puntarelle Herbst/Winter
Herkunft Italien
Qualität saftige Blätter
Lagerung im Kühlschrank; Catalogna 1 Woche in feuchtem Tuch, Puntarelle 2–3 Wochen
Tiefkühlen absolut ungeeignet
Vorbereitung waschen, die wattigen Blattrippen vom Catalogna und derbe Außenblätter entfernen; Puntarelle-Sprossen auslösen, harte Exemplare schälen, von unten kreuzweise einschneiden
Zubereitung als Rohkost, gekocht, gedünstet, geschmort

aussehen, als handle es sich um Löwenzahn für Riesen – wird deshalb oft als solcher verkauft. Dabei hat die Pflanze absolut nichts mit ihm zu tun, es ist vielmehr eine Zichorienart wie Chicorée, Radicchio und Endivie.

ZUBEREITUNG: Die bitteren, würzigen Blätter liebt man in Italien klein gehackt und gedünstet oder mit Knoblauch und getrockneten Tomaten in Olivenöl geschmort und mit Pasta vermischt. Die weniger bitteren, zartgelben Innenblätter schmecken gut als Salat mit einer Balsamico-Vinaigrette.

53 Puntarelle oder Cimata

Puntarelle oder Cimata, bei uns Vulkanspargel oder Spargel-chicorée genannt: Im Herzen hat die Pflanze von der Wurzel her daumen-dicke Triebe ausgebildet, die eine bis zu kindskopfgroße, vielfältig ver-ästelte runde Staude bilden, von den langen, grünen Blättern umhüllt und durchwachsen. Diese späteren Blütentriebe sind in diesem jungen Zustand wunderbar zart, saftig und knackig, mit zartbitterer Note.

ZUBEREITUNG: Die wie Spargel geschälten Sprossen einfach längs oder quer in Streifen oder Stücke

Tipp 53: Puntarelle, die italienische Salatspezialität, ist wunderbar vielseitig und kann im Salat oder auch geschmort genossen werden.

schneiden. In Rom schneidet man die einzelnen Sprossen vom Fuß her mehrfach ein, legt sie dann in kaltes Wasser, wo sie sich wie eine Blüte spreizen. Dabei verlieren sie ein wenig von ihrer eigentlich erwünschten Bitterkeit. Sie werden mit einer kräftig gewürzten Vinaigrette oder, am liebsten, mit einer Anchovissauce angemacht. Die Blätter kann man gut für ein Risotto verwenden oder mit stabiler Pasta (Orechiette oder Penne) zu einem herzhaften Eintopf schmoren.

PUNTARELLE AUF RÖMISCHE ART

4–5 Anchovisfilets mit 4–5 Knoblauchzehen, etwas Petersilie, nach Belieben einem Stück Zitronenschale und 4–5 EL Olivenöl zu einer Sauce mixen. Nach Belieben den Saft von ½–1 Zitrone und 1 entkernte Chilischote mitmixen. Die vorbereiteten Puntarelle gut abtropfen und damit mischen. Höchstens 5 Minuten ziehen lassen.

SPARGEL

Spargel – das Gemüse, auf das man sich noch richtig freuen kann! Denn der Liebhaber weiß: Der beste Spargel ist der frischeste Spargel – deshalb wartet er darauf, bis

Spargel

Einkauf beim Erzeuger, am Straßenrand in der Region, Handel, Fachgeschäft, Markt

Saison hier: April bis Juni, aus Übersee ganzjährig

Herkunft Deutschland regional, Süd- und Mitteleuropa, Übersee

Qualität feste Stangen, schneeweiß bis in die Spitze; oder von frischer grüner oder lila Farbe; gerade gewachsen, ebenmäßig dick, ohne Rostflecken; Spitze fest und geschlossen, Schnittflächen saftig (siehe Tipp 54)

Lagerung möglichst sofort verbrauchen, bis dahin in feuchtem Tuch im Kühlschrank, nicht in Plastik, darin könnte der Spargel ersticken, muffig werden

Tiefkühlen geht, aber die Stangen verlieren ihre Knackigkeit

Vorbereitung waschen, schälen (siehe Tipp 55), Fußende kürzen

Zubereitung roh als Salat, gekocht, gedämpft, gebraten, im Wok, gegrillt

Unter aufgeschütteten Wällen bleibt der klassische Spargel schön weiß mit gelblicher Spitze, wenn er gestochen wird, bevor die Spitze ans Tageslicht kommt. Lässt man sie, wie in Frankreich, einige Zentimeter herauswachsen, wird sie grün oder violett (gilt bei uns als fehlerhafte Ware). Häufelt man nicht an, wird die ganze Stange grün oder violett, manchmal mit einem weißen Fuß (rechts daneben). Links eine spezielle Grünspargelsorte, die besonders zart bleibt. Und rechts die violette, besonders geschmacksintensive Variante.

derjenige mit dem kürzesten Weg endlich da ist. Während man früher bei uns nur weißen Spargel kannte, der vor Sonne geschützt in Erdwällen gezogen wird, liebt man heute auch bei uns grünen oder lila Spargel – der dank des Chlorophylls, das unter Lichteinwirkung gebildet wird, eher gemüsig als „spargelig" schmeckt.

54 Der Frischetest

Spargel muss fest und weiß sein, prall und saftig; sollte keinerlei Makel zeigen, keine braunen Stellen, natürlich nicht welk oder gar matt wirken. Frische beweist auch die Schnittstelle, die auf keinen Fall ausgetrocknet sein darf – Spargel aus mediterranen Ländern, Südafrika und Übersee, die ja einen langen Weg hinter sich haben, stecken nicht ohne Grund mit diesem Ende in einer undurchsichtigen Hülle … Und man kann die Frische hören: Die Stangen quietschen, wenn man sie aneinanderreibt, und es klingt dumpf, wenn man sie leicht aneinanderschlägt. Hört man nichts, sind die Spargel zu alt!

55 Spargelschälen: So geht's

Schälen ist Chefsache! Nichts ist unangenehmer als nachlässig geschälter, noch faseriger Spargel. Aber: Zu viel abschneiden ist ebenso dumm wie zu wenig ... Geschält wird immer von oben nach unten, beginnend einige Zentimeter unter dem Kopf, wo die Schale fester wird (das ist Gefühlssache – eventuell ab und zu die unten geschilderte Nagelprobe machen), und zwar möglichst zunächst dünn mit wenig Druck, dann nach unten immer fester werdend. Die Stange aufs Handgelenk legen, den Kopf mit Daumen, Zeige- und Mittelfinger fassen, so kann man von dort bis zum unteren Ende die Schale abschälen, ohne dass die empfindliche Stange bricht. Das holzige Ende quer abschneiden.

Früher genoss man grünen Spargel ungeschält, lutschte ihn von Kopf her aus. Will man das nicht, muss auch grüner Spargel geschält werden. Zwar nur der untere Teil, je nach Sorte das Messer unter dem obersten Drittel, in der Mitte oder im unteren Drittel ansetzen. Dazu macht man die Nagelprobe: Dringt der Fingernagel ohne jeglichen Widerstand ins saftige Fleisch, braucht man nicht zu schälen.

Tipp 55: Auch grüner Spargel muss geschält werden, wenn man nicht verschwenderisch auf den unteren Teil verzichtet und ihn einfach abschneidet. Wir schälen ihn mit dem „Goldhamster", einem Sparschäler, den man mit etwas Übung so führen kann, dass er dünn anfängt und nach unten hin immer dicker abschält.

56 Spargelschalen – kein Abfall!

Schalen und Endstücke werden natürlich nicht weggeworfen, sondern zu einem Sud ausgekocht. Darin werden anschließend die Spargel gegart, und danach dient dieser Sud als Basis für eine Suppe oder Sauce. Man kann ihn auch einfach trinken (gut für Verdauung, auch harntreibend!) oder für ein Risotto verwenden. Aber: Nur die Schalen vom weißen Spargel, grüner könnte einen zu bitteren, starken Geschmack liefern.

57 Grundrezepte

Klassisch und unübertrefflich für weißen Spargel: gekocht und mit zerlassener Butter oder einer milden Buttersauce (Tipp 60 Sauce Hollandaise), mit neuen Kartöffelchen und eventuell rohem oder gekochtem Schinken. Praktisch: jede Portion mit Küchenzwirn zusammenbinden, dann ist der heiße Spargel schnell angerichtet. Und einen Versuch wert: längs auf dem Gemüsehobel in dünne Scheiben geschnitten, in der Pfanne in Öl oder Butter gebraten, nur mit Pfeffer und Salz gewürzt. Grüner Spargel ist schneller gar, ihn mit Zitronensaft und Olivenöl beträufeln, eventuell Parmesan drüberreiben. Gut auch: in Stücke geschnitten woken – dann passen natürlich asiatische Gewürze: Ingwer, Knoblauch, Chili.

58 Bissfest oder weich?

Geschmackssache – zu weich ist ebenso unschön wie zu hart. Die Garzeit hängt von der Frische ab: länger gelagerter braucht auch länger. Und natürlich von der Stärke der Stangen – heute werden teilweise so dicke Spargel angeboten, dass die früher (für zu weiche Stangen) angegebene Garzeit wieder stimmt! Um den Garzustand zu überprüfen, ein Stückchen abschneiden und probieren. Das ist exakter, als mit der Messerspitze hineinzustechen.

59 Spargel roh?

Besonders köstlich! Nicht etwa die zarten Spitzen – die schmecken besser gekocht. Aber der sorgsam geschälte Schaft ist wesentlich bekömmlicher und kalorienärmer zum Aperitif als die übliche Knabberei. Auf der Aufschnittmaschine oder dem Gurkenhobel längs und ganz dünn in Scheiben geschnitten wird er zum erfrischenden, knackigen Salat; vermischt mit Radieschenscheiben und jungen Kräutern, angemacht mit Zitronensaft, Salz, Pfeffer und einem guten Olivenöl. Oder: die rohen Scheiben als Locken auf einem gemischten Salat anrichten und mit Vinaigrette übergießen.

60 Das Prinzip: Sauce Hollandaise

Sie ist die ideale Begleitung zu allen zarten gekochten Gemüsen. Selbst gemacht unwiderstehlich! Und so gelingt sie sicher: Je 2 Esslöffel Weißwein und Zitronensaft in einer Stielkasserolle aufkochen. Topf vom Feuer nehmen und 2 Eigelb mit dem Schneebesen einrühren, nach und nach zerlassene und geklärte Butter (klassisch) oder kalte Butterwürfel (modern und einfacher) unter Rühren zufügen. Auf kleinem Feuer ständig mit dem Schneebesen rühren, bis alle Butterstückchen (ca. 200 g) eingearbeitet sind. Vorsichtig erhitzen und rühren, bis die Sauce cremig wird. Ist dieser Punkt erreicht, sofort auf in einer Schüssel bereitgestelltes Eis setzen, um ein Überhitzen und mögliches Gerinnen zu verhindern, dabei immer weiter rühren. Salzen, mit Muskat und weißem Pfeffer würzen und mit Zitronensaft abschmecken.

MANGOLD

Mangold ist, man glaubt es kaum, ein ganz naher Verwandter der Roten Bete. Die Engländer haben es schon vor einiger Zeit geschafft, die beiden so zu kreuzen, dass der einst nur weißstielige Mangold inzwischen rote, violette, zartrosa, gelbe und sogar rotgoldene Stiele haben kann. Ein Augenschmaus, der köstlich schmeckt!

61 Rezept-Ideen

Früher hat man meistens nur die Stiele gegessen, blanchiert und in einer fadweißen Béchamelsauce. Erst von den Italienern haben wir gelernt, auch die grünen Blätter zu genießen. Blanchieren, gut abtropfen, portionsweise leicht ausdrücken und Bouletten draus formen, die man in Olivenöl

Tipp 60: Mit diesen Zutaten gelingt sie sicher: die Sauce Hollandaise.

Tipp 62: Mangold-Stiele in tollen Farben

beidseitig angebraten als Beilage zu Fisch oder Fleisch reicht oder kalt als Vorspeise servieren kann, nur gesalzen, gepfeffert und / oder chilisiert, mit etwas Zitronensaft oder Balsamico und Olivenöl beträufelt.

62 Mangold-Stiele

Die Stiele extra verarbeiten als Beilage zu hellem Fleisch; dafür längs in streichholzkleine Streifen schneiden und in Olivenöl mit Zwiebel und Knoblauch ganz kurz dünsten. Die blanchierten Blätter als Hülle für eine Fülle, zum Beispiel Hackfleischfarce (Tipp 88) verwenden. Oder quer in Streifen schneiden, in Öl oder Butter zusammenfallen lassen, salzen, pfeffern und zugedeckt weich dünsten.

Mangold
Einkauf Handel, Markt, Gärtnerei
Saison ganzjährig
Herkunft im Sommer / Herbst aus der Region, im Winter / Frühjahr aus dem mediterranen Raum
Qualität die Stiele sollten möglichst breit und fleischig sein, die Blätter knackig fest und unversehrt
Lagerung baldmöglichst zubereiten, max. 2 Tage im Kühlschrank
Tiefkühlen Blätter nach dem Blanchieren gut, Stiele wenig befriedigend
Vorbereitung waschen, gelbe und welke Partien entfernen, blanchieren
Zubereitung gekocht, gedünstet, gedämpft

SPINAT

Die einen lieben den Spinat ganz zart, aus dem Gewächshaus oder Folientunnel, als Rohkost oder feines, seidiges Püree, andere ziehen den festen dickblättrigen Winterspinat vor, den man länger kochen oder dünsten muss, der aber einen herrlich herzhaften Geschmack hat. Aber der beste ist der Frühsommerspinat aus dem Freiland, wenn die Blätter saftig sind und wohlschmeckend, noch süß, aber gerade von einer leicht herben Note angeflogen. Daraus kann man ein Püree machen, aber als Blattgemüse schmeckt er noch besser.

63 Grundrezepte

Siehe Tipp 61 Rezept-Ideen für Mangold. Zarte Blätter nur kurz blanchieren (siehe Tipp 104 auf Seite 99), abtropfen, etwas Butter oder Sahne zufügen und mit dem Mixstab oder im Mixer fein pürieren – zum Beispiel auf Kartoffelpüree, belegt mit pochiertem oder Spiegelei und überrieben mit weißem Trüffel oder rohen Champignons servieren. Oder als Gemüsebeilage, Basis für eine Cremesuppe oder Sauce.

Spinat

Einkauf Handel, Markt, Gärtnerei
Herkunft und **Saison** ganzjährig, Frühling/Frühsommer und Spätsommer/Herbst Freiland regional, Winter aus mediterranen Ländern oder Gewächshaus
Qualität frische, knackige Blätter ohne Knick, Löcher und gelbe Ränder, bei Gewächshausware und Baby-Spinat nicht zu viele Stiele
Lagerung 1 Tag im Kühlschrank (in/unter feuchtem Tuch), blanchiert gut verschlossen bis zu 4 Tage
Tiefkühlen frisch aus dem Garten perfekt: siehe Mangold
Vorbereitung gründlich waschen, evtl. entstielen, blanchieren – nur zarte Treibhausblättchen nicht
Zubereitung zarte Blätter roh als Salat; gekocht, gedünstet, gedämpft, gebraten und im Wok

EXTRA-TIPP

Neuseeland-Spinat und Melde werden ebenso vor- und zubereitet.

KRESSE

Hier ist natürlich die Gartenkresse gemeint, die vor allem im Frühjahr unsere neu erwachende Lust auf frisches Grün befriedigt. Die schnell keimenden Körner werden gerne in Kästchen auf Substrat gezogen und sind damit auch für den Haushalt bereits praktisch – man kann sich das abschneiden, was man braucht, der Rest kann noch mehrere Tage am kühlen Fenster stehen. Besser schmeckt allerdings immer noch in Erde gesäte Kresse, wenn auch das Auswaschen der Samenschalen manchmal mühsam ist und beim Abschneiden der Sprossen Erde (Torf) dazwischengeraten kann.

64 Der Super-Drink

Blättchen waschen, 40–50 g abgetropfte Kresse mit ¼ l kaltem Wasser und 2 EL Zucker in einen Becher geben und mit dem Pürier- stab zerkleinern, bis eine Art Mus entstanden und der Zucker aufgelöst ist. Durch einen Kaffeefilter oder ein mit einem Blatt Küchenpapier ausgelegtes Sieb laufen lassen und mit Eiswürfeln als Drink servieren – schmeckt herrlich erfrischend!

Kresse

Einkauf Handel, Markt
Saison ganzjährig, vorwiegend im Frühling
Herkunft regional, Niederlande
Qualität keine gelben Blättchen dazwischen, straff, dunkelgrün;
Lagerung im Kühlschrank, auf Substrat am kühlen, schattigen Fenster
Tiefkühlen nein
Vorbereitung waschen, bei Freilandware Samenkapseln und Erde durch mehrmaliges Waschen entfernen
Zubereitung roh im Salat und kurz erhitzt als leichtes Cremesüppchen (wie Feldsalat-Cremesuppe – Seite 67)

FELDSALAT

Man kann unterscheiden zwischen den rundblättrigen Sorten („Maus- ohr"), die im Süden bevorzugt werden, und den langblättrigen, die man eher im Westen und Norden höher einschätzt.

Kressedrink als erfrischendes Sommergetränk servieren.

65 Vorbereitung

Beim **MAUSOHR** schneidet man, falls vorhanden, nur die Wurzel ab und entfernt möglicherweise gelbe Keimblättchen (und natürlich beschädigte, angefaulte Blätter), lässt aber die Rosette ganz. Die heute größtenteils maschinell geschnittenen Pflänzchen sind leicht zu waschen, die Erde wird aus den breit stehenden Blattachseln dabei ausgeschwemmt. Bei den **LANG-STIELIGEN SORTEN** hingegen stehen die Blattachseln steil nach oben, sodass in ihnen durch Regen hineingeschwemmte Erde oder Sandkörner nicht so leicht rausgespült werden können – will man nicht draufbeißen, muss man den Pflänzchen den unteren Teil abschneiden, sodass die Blätter auseinanderfallen – der Salat sieht also in der Salatschüssel vollkommen anders aus.

66 Frost-Geschmack

Die mit Vinaigrette angerichteten Blätter müssen in jedem Fall gleich serviert werden, dürfen nicht lang stehen, denn sie fallen schnell zusammen. Sehr fein gewürfelte Zwiebel oder Schalotte ist die beste Ergänzung des fein-nussigen Geschmacks dieses ursprünglich nur im Winterhalbjahr bis in den Frühling hinein geernteten Salats: Er sollte wenigstens einmal Frost abbekom-

Feldsalat

Einkauf Handel, Markt, Gärtnerei
Saison ganzjährig, oft aus Gewächshaus / Folientunnel, aber am besten vom Freiland nach dem ersten Frost
Herkunft regional, Niederlande
Qualität keine Wurzeln und gelben Keimblättchen, Blättchen straff, dunkelgrün; die rundblättrigen „Mausohr" schmecken besser als die langblättrigen Varietäten
Lagerung in feuchter Umgebung 3–4 Tage im Kühlschrank
Tiefkühlen nein
Vorbereitung siehe Tipp 65
Zubereitung als Salat; gekocht, gedünstet, im Wok

men haben, um seinen vollen Geschmack zu erreichen. Seines dekorativen Aussehens wegen wird er jedoch heute das ganze Jahr über angeboten, wenn auch das Aroma im Sommerhalbjahr wenig Eindruck machen kann.

67 Rezept-Ideen

CREMESÜPPCHEN: Den Salat blanchieren (Tipp 104 auf Seite 99), gut abgetropft mit gehackten Zwiebeln in Butter andünsten, mit Salz, Pfeffer und einem Hauch Chili würzen. Mit Fleisch- oder Gemüsebrühe angießen und weich kochen. Mit dem Mixstab pürieren, mit Sahne anreichern, frische Butter dazu und abschmecken. Eine überraschende, leuchtend grüne, wunderbare Cremesuppe.

VORSPEISENSALAT: Die abgetropften Rosetten mit einer beliebigen Vinaigrette anmachen, der sehr fein gehackte Zwiebeln oder Schalotten die passende Würze verleihen. Geröstete Wal- oder Haselnüsse am Schluss grob gehackt darüberstreuen. Auch schön: zusätzlich Granatapfelperlen darauf verteilen.

ZWIEBELN, FRÜHLINGS-ZWIEBELN, SCHALOTTEN UND WINTERHECK-ZWIEBELN

Zwiebeln gehören zu den ältesten Gemüsen, die wir kennen. Bereits die Sumerer haben sie vor 5000 Jahren geschätzt, und beim Bau der Pyramiden sollen sie die Arbeiter bei Kräften gehalten haben. Heute ist die Zwiebel das am meisten verwendete Gemüse der Welt.

Kein Wunder, denn Zwiebeln geben selbst dem langweiligsten Gericht irgendwie Pepp und Würze. Auf dem

Während die derben, braunschaligen Haushaltszwiebeln beim Schneiden die Augen tränen lassen, zeichnen sich die rosa und violetten Sorten durch feineres Aroma und süße Milde aus. Saftig die weißen Knollen und die Frühlingszwiebeln, besonders aromatisch die wesentlich kleineren Schalotten, von denen es gelbe, violette und die begehrten grauen aus Frankreich gibt.

Markt findet man eine Vielzahl von Sorten, in allen Farben, Größen und von unterschiedlichem Geschmack. Da gibt es weiße Zwiebeln, rote, normale, große, kleine, die dicken spanischen Gemüsezwiebeln, die so mild sind, dass man in sie hineinbeißen kann wie in einen Apfel. Es gibt die feinen Schalotten, die rund ums Jahr erhältlichen Frühlingszwiebeln mit dem schönen Zwiebelgrün. Und die Zwiebelspezialitäten, wie die rosafarbenen Roscoffzwiebeln aus der Bretagne, die roten Büllen (alemannisch für Zwiebeln) von der Halbinsel Höri im Bodensee, die glänzenden, lilafarbenen Tropeazwiebeln aus Süditalien.

68 Oxidation

Niemals Zwiebeln vorbereitet, gewürfelt, gehackt, in Scheiben oder angeschnitten herumliegen lassen. Sie oxidieren an der Luft und entwickeln einen unangenehm strengen, oft metallisch wirkenden Geschmack und ihre aromatischen ätherischen Öle verfliegen alsbald. Will (oder muss) man Zwiebeln schon eine Weile vor der Zubereitung schneiden, dann unbedingt mit einem Ölfilm schützen oder mit Flüssigkeit bedecken – zum Beispiel dem Essig für die Salatsauce.

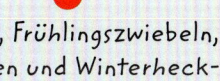

Zwiebeln, Frühlingszwiebeln, Schalotten und Winterheckzwiebeln

Einkauf Handel, Markt

Saison Haushaltszwiebeln in allen Farben und Frühlingszwiebeln rund ums Jahr (Treibhaus), Zwiebelspezialitäten (Tropea, Roscoff etc.) ab Mai (frisch) bis in den Winter (Lagerware)

Herkunft Region, Mittel-, West- und Südeuropa, Südosteuropa, Australien

Qualität fest, seidig glänzende Schale; im Winter rascheltrockene Schale, keine Keime, kein Schimmel; Frühlingszwiebeln frisch und grün

Lagerung kühl, aber nicht zu kalt, dunkel, luftig und trocken; Frühlingszwiebeln 4–5 Tage im Kühlschrank

Tiefkühlen überflüssig

Vorbereitung schälen, faule und ausgetrocknete Stellen, Wurzelansatz entfernen, hacken, in Scheiben hobeln oder würfeln

Zubereitung als Würzzutat roh oder blanchiert in nahezu sämtlichen Speisen (außer Desserts); als Gemüse gekocht, gedünstet, geröstet, im Wok, gefüllt und geschmort

69 Zwiebeltriebe

Hat eine Zwiebel unversehens grüne Keime getrieben, kann man diese natürlich wie Schnittlauch oder Frühlingszwiebellauch zum Würzen nehmen. Die Zwiebel selbst allerdings leidet unter einer solchen Kraftanstrengung – deshalb schnell verbrauchen.

LAUCH / PORREE

Meistens kommt er im Verbund als Suppengrün in die Küche. Er gibt der Brühe sein grünes, zwiebeliges Aroma – und dann schmeißt man ihn weg. Schade und mehr als ungerecht, denn Lauch ist ein einzigartiges Gemüse, mit ausgeprägtem Eigengeschmack, trotzdem fein und unaufdringlich.

Während man im Süden vom Lauch spricht, nennt man ihn im Norden und Westen eher Porree, abgeleitet vom lateinischen Namen *Allium porrum*. Man unterscheidet den zarten und milden Sommerlauch, den stämmigeren Herbstlauch und schließlich den festen und intensiven Winterlauch.

70 Sorgfältig reinigen

Wichtig: die sorgfältige Vorbereitung, vor allem gründliche Säuberung der Lauchstangen.

Zunächst das Wurzelende abschneiden. Die äußeren, nicht so schönen, oft zähen Blätter entfernen. Die Stange längs aufschlitzen, die Blattschichten vorsichtig aufbiegen und mit einem Wasserstrahl den dazwischen befindlichen Schmutz, Sand oder Erde herausspülen. Jetzt erst den Lauch zuschneiden, nach Rezept in schmale oder breite Ringe, Streifen oder in entsprechende Stücke. Der weiße Anteil der Gemüsestange ist zarter als der grüne, der die kräftige Farbe, Struktur und Aromatik der durch das Sonnenlicht ermöglichten Chlorophyllbildung verdankt. Manche Rezepte schreiben vor, nur das Weiße vom Lauch zu verwenden (die berühmte kalte Kartoffel-Lauch-Suppe *Vichyssoise* zum Beispiel ist ganz hell!). Aber der hellgrüne Teil ist fast ebenso zart, nur etwas herzhafter im Geschmack. Die dunklen Blattspitzen, die eher derb sind, werden immer weggeschnitten, landen im Suppentopf (Tipp 3 auf Seite 14).

EXTRA-TIPP

Lauch ist ideal für das Garen im Wok geeignet, weil er einen wunderbaren Biss bewahrt.

Lauch / Porree

Einkauf Markt, Handel, Gärtnerei
Saison ganzjährig
Herkunft regional, Winter/Frühling
auch Italien, Frankreich, Nieder-
lande
Qualität fest und knackig, prall;
Sommerlauch zart und biegsam,
Winterlauch prall und steif;
Außenblätter nicht gelblich und
schlaff, der weiße Schaft möglichst
lang, unverletzt, nicht aufgeplatzt,
ohne Madengänge
Lagerung Kühlschrank, in feuchtes
(Zeitungs-)Papier oder Tuch
eingeschlagen bis zu 2 Wochen
Tiefkühlen nur Abschnitte lose für
Suppen/Saucen empfehlenswert
Vorbereitung siehe Tipp 70
Zubereitung gekocht oder
blanchiert, überbacken, gegrillt,
eingelegt

LAUCHGEMÜSE

Jung schmeckt Lauch als
mariniertes Gemüse: in Stücke
geschnitten, sanft gar gesotten
mit Salz, Pfefferkörnern,
Lorbeerblatt, Pimentbeeren,
dann mit Olivenöl und einem
aromatischen Essig (Fruchtessig,
Weinessig) oder Zitronensaft
angemacht. Lauwarm oder kalt
ein Genuss.

LAUCHGRATIN

Herbst- oder Winterlauch ist
schnell als Lauchgratin zubereitet: in kurze Stücke
schneiden, blanchieren (wegen
der schöneren Farbe), in einer
flachen Auflaufform mit
gekochter Pasta oder gekochten
Kartoffelwürfeln mischen,
Bergkäse gerieben oder in
Würfeln dazwischen verteilen.
Mit Salz, Pfeffer, Muskat,
eventuell gemahlenem
Bockshornklee würzen. Sahne
und/oder Brühe angießen,
Butterflöckchen obenauf und
ca. 20 bis 25 Minuten backen, bis
alles brodelt und die Oberfläche
appetitlich gebräunt ist.

FENCHEL

Unsere Großeltern kannten Fenchel nur als Gewürz, das man für Desserts und manche Bäckereien verwendete. Und natürlich als Tee – Fencheltee hat man Kindern eingeflößt, damit sie besser einschlafen. Er wirkt beruhigend. Möglicherweise ist das der Grund, dass so vielen Menschen der typische Fenchelgeschmack nicht angenehm ist.

Im milden Winterklima Italiens entwickelt die Pflanze oberhalb der Erde die dicke, weiße Knolle aus fleischigen, fast zwiebelartig übereinanderliegenden Schichten. Es hat Jahrhunderte gedauert, bis aus dem schmalen, faserigen Wildfenchel diese saftigen Knollen gezüchtet waren. Sie duften freilich weniger intensiv nach Anis, jetzt kommt eher das mildere Fenchelaroma zum Tragen, das süß und schmeichelnd ist und in rohen Zubereitungen am feinsten zur Geltung kommt.

71 Rezept-Ideen

Für Salat in feine Scheiben schneiden, am besten parallel zu den Stielen, mit dem Gurkenhobel oder der Aufschnittmaschine. Dabei das Wurzelende unversehrt lassen, so fallen die Schichten nicht auseinander und ergeben ein hübsches Bild auf dem Teller. Anmachen mit einer Zitronette (Tipp 43 auf Seite 51) und mit dem gehackten Fenchelgrün bestreuen, das sich zwischen den Stängelansätzen verbirgt. Ideal passt hierzu Orange – am besten geschälte, in Scheiben geschnittene Blutorange! Zusätzlich mit Röllchen von Frühlingszwiebeln bestreuen, nicht nur der Farbe wegen!

Backofen auf 220°

10–15 min

Fenchel

Einkauf Markt, Handel, Gärtnerei

Saison und **Herkunft** Juli bis Oktober (Deutschland), Oktober bis Mai (Italien)

Qualität eher rund als schlank, straff, fest und dicht gewachsen; hell, keinesfalls runzlig, fleckig oder bräunlicher Rand an der äußeren Schale

Lagerung frisch am besten; 2–3 Tage im Kühlschrank, in feuchtem Tuch bis 1 Woche

Tiefkühlen nicht empfehlenswert

Vorbereitung die äußere Schicht entfernen, wenn nicht mehr taufrisch oder beschädigt, eventuelle Fasern wegschneiden, Stielenden kappen, das zarte Grün aufbewahren

Zubereitung als Rohkost; gekocht, gedünstet, geschmort, gebacken, gebraten, gegrillt, im Wok

Fenchel kann auch gekocht eine wunderbare **VORSPEISE** sein: geviertelt in wenig Salzwasser bissfest kochen; nur salzen und pfeffern, mit gutem Olivenöl beträufeln und mit Zitrone würzen.

72   Fenchel anonym

Lieblingsrezept – frei nach Clemens Wilmenrod: Pro Person eine Fenchelknolle kurz in wenig Salzwasser einige Minuten garen – den Fenchel dafür längs halbieren, vierteln oder achteln. Dann in Scheiben von gekochtem Schinken wickeln, nebeneinander in eine Gratinform betten. Aus dem Kochsud mit einem Becher Sahne und einer Handvoll geriebenem Käse eine Sauce kochen, mit Muskat und Zitrone (Saft und Schale) würzen, über die Schinkenrollen gießen und bei 220 Grad (Heißluft / 240 Grad Ober- & Unterhitze) 10–15 Minuten überbacken.

Das Rezept wurde von Deutschlands erstem Fernsehkoch ursprünglich für Chicorée vorgestellt – und wurde für eine ganze Generation zu einem beliebten Standardgericht. Es ist sehr zu Unrecht in Vergessenheit geraten!

RÜBSTIEL / STIELMUS

Ein Gemüse mit dünnen, hellgrünen Stielen und meist fiedrig gezackten Blättern – gehört auch in die weitverzweigte Kohlfamilie mit lateinischem Namen *Brassica rapa*. Dieser Zusatz zeigt, dass Rübstiel aus Mai-, Herbst- oder weißen Rüben gezogen wird, also kein eigenständiges Gewächs ist, sondern nur eine besondere Form. Dazu wird sehr dicht gesät, sodass sich keine Rüben bilden können, sondern nur das Grün ins Kraut schießt. Unter der Bezeichnung „Namenia" ist allerdings auch eine spezielle, aus dem wilden Rübsen entwickelte Sorte im Handel, die keine Rüben mehr ausbildet. In Japan liebt man Mizuna (kürzer, mit feiner gegliederten Blättern). Vor allem die jungen Pflänzchen haben einen wunderbaren, leicht säuerlichen, zart von Senfschärfe unterlegten Geschmack und werden als Salat gegessen.

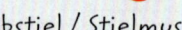

Rübstiel / Stielmus

Einkauf Handel, Gärtnerei, Markt (regional, vor allem NRW)
Saison ganzjährig mit Schwerpunkt Frühling und Herbst
Herkunft regional Rheinland, Niederlande, Italien
Qualität Blätter frisch, knackig, fest – schön grün, nicht gelblich
Lagerung möglichst bald zubereiten, feucht im Kühlschrank 2–3 Tage
Tiefkühlen nicht wirklich geeignet
Vorbereitung Wurzelende abschneiden, die Stiele lösen, quer in Stücke schneiden oder hacken
Zubereitung als Rohkost; gekocht, gedünstet, geschmort

73 Grundrezept

Klassisch im Rhein- und Münsterland ist Stielmus, wie der Name bereits sagt, ein Brei – mit Zwiebeln und Kartoffeln lange geschmort und miteinander zerdrückt. Dazu gibt es den mitgekochten Speck oder fette Mettwürste – eine herzhafte, mächtige Angelegenheit. Leichter, wenn man das klein gehackte Gemüse nur kurz in Öl oder Butter als Beilage dünstet. In Italien blanchiert man die ganze Gemüsepflanze, lässt ihr Biss und würzt mit Olivenöl und Zitronensaft. Frisch und zart! Wichtig: Den Zitronensaft erst über das abgekühlte Gemüse träufeln, damit es seine schöne grüne Farbe behält.

74 Salat-Variationen

Die jungen Pflänzchen (Rübstiel, Namenia oder Mizuna, ebenso Kompositionen aus allen möglichen jungen Kreuzblütlern, meist als Asia-Mischung angeboten) roh als Salat, in Vinaigrette oder Zitronette (Tipp 43), oder auch mal Tomagrette (Tipp 82)! Die empfindlichen Blätter dafür nach dem Waschen nicht zu gründlich abtropfen, damit durch das anhaftende Wasser die Marinade ein wenig verdünnt und milder wird, was den Salat eleganter macht und nicht so schnell zusammenfallen lässt. Nur kurz erwähnt sei die nah verwandte Rauke, heute weniger bieder Rucola genannt, die wir eher zu den Kräutern rechnen, die aber für Salate in verschiedenen Arten – wilde, Garten-, Strand-, Pfeffer-, Knoblauch- und Wasabi-Rauke – angeboten wird und für die das Gleiche gilt.

ARTISCHOCKEN

So langsam wird dieses hochfeine, zartbittere Gemüse auch bei uns immer mehr geschätzt. In Italien spielt die Artischocke eine bedeutende Rolle, ist in vielen Regionen und entsprechenden Jahreszeiten das beliebteste Gemüse. Man liebt dort gerade jenes charakteristisch Bittere, das den Appetit anregt und zur kulinarischen Kultur gehört, in Deutschland aber leider noch immer eher verpönt ist.

75 Das „grüne Fondue"

Die größeren Exemplare werden vorzugsweise im Ganzen gekocht und bei Tisch mit einer Senf-Knoblauch-Vinaigrette verspeist, wozu man die Blätter abzupft, das abgerissene Ende in die Sauce taucht und das Fleischige mit den Zähnen ausstreift. Vom Boden schneidet man das stachelige Heu und genießt ihn pur, begleitet von knusprigem Weißbrot (Baguette).

76 Stiel-Kunde

Egal, um welche Artischockenart und -sorte es sich handelt: Der Stiel sollte möglichst dick und gerade sein, denn dann handelt es sich um die erste und beste, zarteste und fleischigste Knospe. Die später erscheinenden Seitenknospen hingegen haben einen dünneren und gebogenen Stiel, der auf einen weniger dicken Boden hinweist. In jedem Fall sollte der Stiel möglichst lang sein, dann kann sich die Knospe aus ihm noch mit Nahrung und Wasser versorgen, bleibt saftig und schön knackig. In Wasser gestellt halten sie noch besser.

77 Ohne Spitzen

Am würzigsten schmecken die mit spitzen Stacheln bewehrten Knospen, die noch nah an der Wildform sind. Die findet man bei uns nur selten. Heute hat man den meisten Sorten, sowohl den violetten wie den grünen Exemplaren aus mediterranen Ländern, diese Stacheln weggezüchtet, freilich auf Kosten der würzigen Bitterkeit. Es ist also vollkommen unnötig, die Blattspitzen abzuschneiden, wie in älteren Kochbüchern empfohlen und in manchen Rezepten immer noch gedankenlos wiederholt wird.

78 Exquisites Vergnügen

Die kleinen Exemplare werden, vor allem wenn sie sehr frisch sind, roh gegessen: mit Zitronensaft, Salz, Pfeffer, Olivenöl und Kräutern (Petersilie oder Basilikum!) als Vorspeisensalat. Dafür muss man die Knospen roh schälen: zuerst quer die obere Hälfte abschneiden, vom Rest alles Harte

Artischocken

Einkauf Handel
Saison und Herkunft Winter / Frühjahr (Italien), Frühjahr / Sommer (Frankreich)
Qualität fest, quietschend beim Aneinanderreiben
Lagerung bis 2–4 Wochen an kühlem Ort in Wasser gestellt (vorher Stiel wie bei Blumen frisch anschneiden), 4–7 Tage in feuchtem Tuch im Kühlschrank
Tiefkühlen nein
Vor- und Zubereitung siehe Tipp 76 bis 80

rundum großzügig wegschneiden, schließlich Stiel und Boden schälen und glätten, die Herzblätter aufbiegen und das stachlige Heu darunter herausschneiden. In den besten, zartesten Knospen ist das Heu erst im Ansatz vorhanden, noch weich und zart, und muss nicht entfernt werden.

Die geputzten Herzen mit einer Zitronenhälfte abreiben, damit sie nicht dunkel anlaufen. Für einen rohen Salat per Hand mit einem großen, scharfen Messer in ½ bis 1 mm dünne Scheiben schneiden oder hobeln, parallel zum Stiel, damit schön geformte Scheiben entstehen, welche die Form der Knospe erkennen lassen.

Tipp 78: Beim Artischocken-schälen darf man nicht geizig sein: Die äußeren Blätter der Knospen sind hart und ungenießbar, müssen bis ins zarte Frucht-fleisch abgeschält werden. Wenn das sogenannte Heu im Inneren der Herzen stachelig ist (kann man mit der Fingerspitze erfühlen), muss es mit einem scharf-kantigen Löffel oder Kugelausstecher sauber rausgeschnitten oder -gekratzt werden.

79 Spezialität

Leider nur sehr selten findet man die walnusskleinen Artischöcklein, *Poivrade* genannt. Auch sie müssen ganz frisch sein, weil man sie roh genießen will: nur die äußersten Blätter am Tisch weg-brechen, das zarte Herz in feinstes Olivenöl und Salz tauchen und genüsslich knabbern.

80 Grundrezepte

Will man die Artischocken gegart servieren, die geschälten Herzen in Spalten, Viertel oder Hälften schneiden und (mit Knoblauch und/oder gehackten Zwiebeln/Schalotten) in Olivenöl leicht kross braten, zum Schluss Kräuter nach Belieben, vielleicht auch etwas rohen Schinken (Serrano) in feinen Streifen zufügen, salzen und pfeffern und mit etwas Zitronen-saft beträufeln.

Oder mit Knoblauch, Schalotte und Möhre in feinen Würfel in Olivenöl andünsten, mit trockenem Weißwein angießen, mit Thymian würzen und zugedeckt sanft gar köcheln (à la barigoule).

Aus den großen Artischocken (italienisch *mamme,* aus Frankreich *Camus de Bretagne*) wird in der feinen Küche der Boden roh herausgeschält, nachdem man den Stiel abgebrochen und dabei auch die Fasern entfernt hat, die dort drinstecken. Dann mit einem scharfkantigen Löffel das harte Heu herausschaben und in mit Zitronensaft oder Essig gesäuertem Wasser bissfest kochen. Darauf eine beliebige Farce (auf Basis von Fleisch) oder Füllung aus Meeres-früchten, Pilzen, Gemüse, auch eine Mischung aus allem häufen, mit Bröseln und geriebenem Käse bestreuen und überbacken.

FRUCHT-
GEMÜSE

TOMATEN

Die Zeiten, in denen man bei uns allenfalls eine einzige Sorte Marke „rot, kugelrund, schnittfest, säuerlich und geschmacksfrei" fand, sind glücklicherweise vorbei. In gut sortierten Geschäften, auch Supermärkten, kann man aus bis zu 25 verschiedenen Sorten aus verschiedenen Ländern und Regionen auswählen.

81 Sorten: Wahl / Qual

Es ist unmöglich, die unterschiedlichen Sorten zu beschreiben, da würde kaum ein ganzes Buch ausreichen. Deshalb: Merken Sie sich Sorte oder Marke

Tomaten

Einkauf Handel, Markt

Saison ganzjährig verfügbar, von bestem Geschmack März (Südeuropa) bis Oktober (Region)

Herkunft Niederlande und Belgien, Spanien, Italien, Region

Qualität fest, fleischig, duftend!

Lagerung nicht im Kühlschrank, ideale Lagertemperatur 10–12 Grad, bei Zimmertemperatur: 1–3 Wochen

Tiefkühlen nur gekocht

Vorbereitung evtl. häuten und entkernen

Zubereitung als Rohkost, gekocht, gebraten, gebacken, gegrillt, für Salate, Saucen, Suppen, Saft, Püree

(auch dabei sind teilweise ausgezeichnete Produkte) oder die garantierte Herkunftsregion (in Italien IGP oder DOP, in Frankreich AOC) – wenn Sie einmal zufrieden oder gar glücklich damit waren, können Sie sich im Allgemeinen darauf verlassen, dass es auch beim nächsten Einkauf klappt.

Die meisten Fleischtomaten sind saftig und für Salat geeignet, haben eine feine, fruchtige Säure. Eier-, Birnen- und hornartig geformte Sorten sind eher mehlig und für Saucen, Suppen und zum Einkochen geeignet. Bei den runden Sorten, Rispentomaten und Kirschtomaten gibt es eine größere Variationsbreite, sie können süß oder frischsäuerlich betont sein, festfleischig oder weich, mehlig oder saftig …

Tipp 82: In der Tomagrette findet das Innere der Tomaten Verwendung.

82 Das Prinzip: Tomagrette

Einfach eine Superidee, das Innere von Tomaten zu verwenden – es schmeckt nämlich mindestens so intensiv nach Tomate wie das Fruchtfleisch. Passt bestens zu anderen gekochten oder gebratenen Gemüsen (Zucchini, Auberginen, Blumenkohl), zu gekochtem oder gegrilltem Fleisch und Fisch.

Alle Kerne und die Flüssigkeit in einen Mixbecher geben. 2–3 Knoblauchzehen dazu, eine halbe weiße Zwiebel, einige Basilikum- oder Petersilienblätter, einen Schuss Balsamico, auch etwas Wein- oder Apfelessig, Salz, frisch gemahlenen Pfeffer und einen Hauch Cayenne oder frischen Chili. Schließlich

ca. 100 ml Olivenöl angießen und mit dem Stabmixer kräftig aufschlagen, bis eine dicke, cremige Sauce entstanden ist.

83 Grün oder rot?

In vielen grünen, unreifen Tomaten sitzt giftiges Solanin, das auch durch Kochen nicht zerstört wird. Man sollte sie daher bei Zimmertemperatur nachreifen lassen, doch ist ihr Solaningehalt dann immer noch höher als von vollreif geernteten Früchten. Gilt vor allem für eierförmige und runde Sorten – die gerippten Fleisch-tomaten, die man am liebsten als Salat isst, werden in Italien vor der Reife verkauft, weil sie dann am saftigsten sind. Sie reifen von innen heraus, sind im Herzen also schön rot, außen aber stellenweise noch grün. Sie sind nicht giftig und werden nicht geschält.

84 Tomaten schälen?

Muss jeder für sich ent-scheiden. Freilandtomaten haben eine dickere Schale als die aus Treibhäusern oder Folientunneln, doch ist das auch von der Sorte abhängig und ob sie unter sengender Sonne oder im mildfeuchten Küstenklima gewachsen sind. Es ist auch Ansichtssache, aber nötig, wenn die Schale hart und zäh ist. Und wenn man mit Tomaten kochen

möchte, das Gericht jedoch nicht durch ein Sieb passieren will. Die Haut löst sich nämlich in der Hitze und wird zu unangenehm pieksenden Röllchen, die herauszupicken mühsam ist.

85 Das Prinzip: Tomaten schälen

Von vollreif geernteten Früchten der meisten Tomatensorten lässt sich die Haut ganz einfach abziehen. Meist sind sie jedoch nachgereift und man muss sie mit kochendem Wasser überbrühen, sollte dies aber nach 30 Sekunden wieder abgießen und die Früchte unbedingt in eiskaltem Wasser abkühlen (siehe auch Tipp 104 auf Seite 99). Wichtig, damit das Fruchtfleisch nicht weitergart, sondern sich wieder festigt und nicht von der abgezogenen Haut aufreißen lässt. Und: Die Tomate nicht vorher kreuzweise einritzen, auch wenn dies immer wieder empfohlen wird. Warum nicht? Weil dann das Tomatenfleisch ungeschützt vom kochend heißen Wasser getroffen und gegart wird – und genau das wollen wir doch vermeiden. Es ist auch absolut überflüssig, denn durch das Überbrühen löst sich die Haut bereits von allein – das Fruchtfleisch muss dann schön rot und ganz glatt sein – löst es sich schon auf und wirkt breiig, war es zu lange der Hitze ausgesetzt.

SOMMERLICHE TOMATENSAUCE

Pro Person eine große, vollreife Fleischtomate schälen. Die Früchte – ohne Stielansatz – fein hacken, den Saft auffangen. In einer großen Schüssel Tomaten samt Saft mit reichlich milden, sehr fein gewürfelten Zwiebeln (Tropea!), einigen fein gehackten Knoblauchzehen, Salz, Pfeffer, ein paar Tropfen Balsamico, einem Schuss Olivenöl und viel frischem Basilikum (in Streifen geschnitten) mischen. Die fertig gekochten Nudeln (Spaghetti) sofort nach kurzem Abtropfen dazugeben und alles vermischen.

WINTERLICHE TOMATENSAUCE

Reichlich gehackte Zwiebeln und ein paar Knoblauchzehen in Olivenöl glasig dünsten. Grob zerteilte Tomaten – pro Person 2–3 Eiertomaten (frisch oder aus der Dose) – zufügen, salzen, pfeffern und langsam in 1–2 Stunden einkochen, bis das Fruchtfleisch zerfallen ist . Mit einem Spritzer Balsamico, Olivenöl und gehackter Petersilie verrühren. Die fertig gekochte Pasta (Makkaroni) aus dem Kochwasser heben und mit der Sauce vermischen. Sofort servieren und mit geriebenem Parmesan / Pecorino bestreuen.

PAPRIKA, PEPERONI UND PIMIENTOS

Es gibt Hunderte von Sorten, von groß und mild bis klein und höllisch scharf: Der Übergang von Paprika zu Chili ist kaum zu definieren. Wir rechnen die scharfen Sorten eher zu den Gewürzen, beschränken uns hier auf die milden oder nur eben pikanten. Die Schoten genannten Beerenfrüchte sind in unreifem Zustand meist grün oder hellgelb, manchmal auch braun oder violett, reif leuchten sie rot, orange, dunkelgelb, golden. Die unreifen schmecken ausgeprägter gemüsig, die ausgereiften voller und süßer.

Aus Ungarn kommen die hellgelb-grünen bis orangeroten Frühstücks- oder Spitzpaprika, die besonders mild sind und stets roh (oder eingelegt, gerne gefüllt mit Quark, Schafskäse oder Sauerkraut) gegessen werden. Ähnlich die leuchtend grünen, fingerlangen und schlanken Schoten aus der Türkei, die am besten zur Brotzeit passen.

86 Bratpaprika – Pimientos de Padrón

Unter dieser Bezeichnung werden die jungen und kleinen, grünen, unreifen Schoten aus Spanien angeboten, leider inzwischen auch Imitate aus anderen Ländern, die nicht dasselbe typische gute Aroma haben. Sie werden ausschließlich zu einer köstlichen Vorspeise *(tapa)* verwendet: in heißem Olivenöl rundum scharf braten, bis die Haut Blasen wirft und deutliche, starke, dunkle Bratspuren zeigt. Dann mit grobem Meersalz bestreuen, durchschwenken und sofort servieren. Die meisten Schoten sind mild, aber ab und zu gibt's scharfe dazwischen – auf Galicisch: *os pementos de Padrón, unas pican e outros non* (einige beißen, andere nicht).

87 Das Prinzip: Reines Fruchtfleisch

Für Vorspeisen braucht man das angegarte, geschälte Fruchtfleisch von Paprikaschoten (gegart von Auberginen). In allen Küchen der Welt legt man die ganzen Früchte dafür in heiße Asche oder Glut bzw. auf den Grill oder dreht sie über einer Flamme, bis die Haut rundum bräunt und Blasen wirft. Geht das nicht, packt man sie auf einem Stück Alufolie oder Backpapier in den heißen Backofen (entweder 220 Grad Heißluft oder 230–250 Grad Ober- & Unterhitze) – was sich natürlich nur lohnt, wenn man gleich mehrere Früchte schälen will.

Die gebackenen Früchte auf einer Platte oder in einem Suppenteller

mit einem feuchten Tuch bedecken – das hilft, die Schale wieder aufzuweichen, und löst sie vom Fruchtfleisch. Den beim Schälen und beim Entfernen der Kerne und Scheidewände austretenden Saft auffangen und über das Fruchtfleisch träufeln (falls Kerne darin sind, durch ein Sieb), abkühlen lassen.

EXTRA-TIPP

Das so gewonnene Fruchtfleisch salzen und mit Zitronensaft marinieren, in Gläser füllen und mit Olivenöl bedecken.

ANRICHTEN: salzen und pfeffern, mit fein gehacktem Knoblauch und Petersilie oder Basilikum bestreuen und mit Olivenöl beträufeln. Eventuell zusätzlich mit Anchovisfilets (eingelegten Sardellen) garnieren und mit Zitronensaft würzen.

Paprika, Peperoni und Pimientos

Einkauf Handel
Saison ganzjährig, deutsche Ware Juli bis Oktober (aus Tunnel oder Gewächshaus)
Herkunft Spanien, Niederlande, Italien, Türkei
Qualität festfleischig, glatte Haut
Lagerung 3–4 Tage bei Zimmertemperatur, 1 Woche im Kühlschrank
Tiefkühlen nicht befriedigend
Vorbereitung Entfernen von Stielansatz, wattigen Scheidewänden und Kernen, eventuell harte Schale von dickwandigen Schoten mit dem Sparschäler abschneiden
Zubereitung gegrillt, gebacken, gebraten, gedünstet, geschmort; als Rohkost im Salat

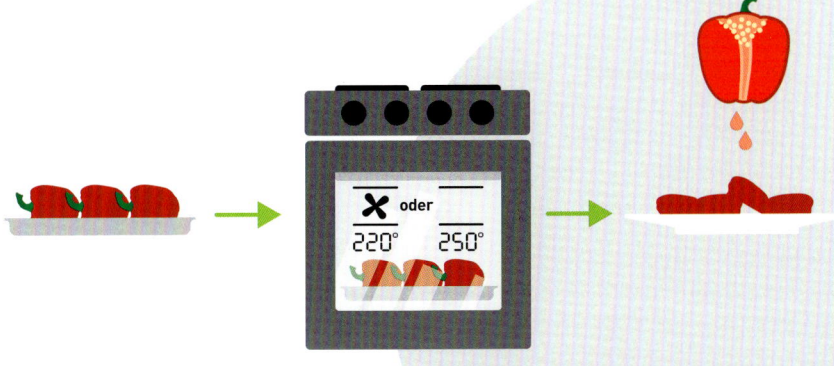

PAPRIKA TONNATO

Geschälte Paprika mit Thunfisch aus der Dose oder Thunfischsauce servieren – wie für *vitello tonnato:* 100 g Thunfisch (Dose, in Olivenöl) in den Mixer geben, 1 Knoblauchzehe, 2 EL Kapern, 2 Eigelb, 1 TL scharfen Senf (Dijon), den Saft von ½ Zitrone, Salz, Pfeffer und 150–200 ml Olivenöl (mild, aus Ligurien) zufügen und zu einer glatten Sauce mixen. Mit Petersilie oder Basilikum garnieren.

GEFÜLLTE PAPRIKA

Ein deutsches Leibgericht! Grüne oder reife rote oder gelbe Paprikaschoten gleicher Größe werden gefüllt mit gut gewürzter Hackfleischfarce. Dafür von den Paprikaschoten eine Kappe mit Stielansatz abschneiden, Scheidewände und Kerne herauslösen. Die gefüllten Schoten (Kappe auflegen!) stehend in einen passenden Topf setzen. Etwas Wasser oder Fleischbrühe angießen, im 160–180 Grad heißen Ofen 40–50 Minuten schmoren.

88 Das Prinzip: Hackfleischfarce

Vorzugsweise gemischtes Hack (Schwein / Rind) nehmen, das eigentlich zu allen Gemüsen besser passt als reines Rinderhack. Reines Schweinehack ist derber, übertönt leicht die zarten Gemüsearomen, Kalb- und Geflügelfleisch braucht den Zusatz von Schweinefett. Manchmal könnte auch Wildfleisch das Rindfleisch ersetzen.

Hackfleisch gründlich mit eingeweichten Brötchen vom Vortag, einem rohen Ei und als Würze folgenden Zutaten vermischen: 1 mittelgroße Zwiebel in feine Würfel schneiden und in einem Pfännchen in etwas Butter weich dünsten – sie müssen hell bleiben, aber gar werden, denn im Hackfleisch haben sie dazu nicht die Zeit. Gegen Ende 1 gehäuften EL fein gehackten Knoblauch und ebenso viel gehackte Petersilie oder Basilikum zufügen. Oder alles mit etwas Butter in eine Tasse geben, diese mit Klarsichtfolie abdecken und für 1 Minute bei stärkster Stufe in die Mikrowelle stellen – das geht am sichersten und schnellsten und es besteht keine Gefahr des Bräunens, was in der Pfanne halt doch leicht passiert. Mit Salz, Pfeffer, Cayennepfeffer, nach Belieben auch etwas frisch geriebenem Parmesan abschmecken.

AUBERGINEN

Gibt's in ganz verschiedenen Formen, Farben und Größen. Eine der Ur-Auberginen, die eiförmige und elfenbeinfarbene, hat für die englische Bezeichnung *Eggplant,* also Eierfrucht, gesorgt. Unsere in Europa angebauten Sorten sind alle auf gleiche Weise zuzubereiten und nur vollkommen gegart genießbar. In Asien gibt es auch Varianten, die roh gegessen oder nur kurz angegart werden, zum Beispiel die hellgrün-dunkelgrün gestreiften oder die winzigen olivgrünen Büschel-Auberginen.

Wir finden im Handel heute meist die schwarzlila Varianten in mittelgroßer Tropfenform, die allerdings auch die langweiligsten sind. Besser schmecken die schmaleren, langen (aus der Türkei), die lila und weiß gestreiften (aus verschie-denen Ländern, auch bei den hiesigen Gärtnern zunehmend beliebt), und am besten die dicken, fast runden, weißlich hellvioletten aus Sizilien.

89 Roh?

Auberginen kann man nicht roh essen, sie müssen immer gekocht, gebraten oder geschmort werden – es sind die unreifen Früchte eines Nachtschattengewäch-ses, die daher giftiges Solanin enthalten, das durch Erhitzen zerstört werden muss. Früher enthielten viele Sorten überdies

Auberginen

Einkauf Handel
Saison ganzjährig
Herkunft Spanien, Niederlande, Italien, Frankreich Südosteuropa, regional aus Deutschland (Folien-haus)
Qualität fest, mit glatter, glänzen-der Schale, grüner Stielansatz; bräunlicher oder gelblicher Schimmer zeigt zu hohe Reife an
Lagerung nicht im Kühlschrank! Bei Zimmertemperatur 2–3 Tage, kühl bei 12–15 Grad 4–5 Tage
Tiefkühlen nein
Vorbereitung siehe Tipp 91
Zubereitung gebacken, gebraten, gegrillt, geschmort, im Wok

unangenehme Bitterstoffe, die man ihnen entzog, indem man sie einsalzte und Wasser ziehen ließ. Das ist unnötig geworden, man hat sie weggezüchtet.

90 Anbraten

Auberginen nehmen beim Anbraten zunächst viel Fett auf, geben später aber wieder einen großen Teil davon ab. Deshalb nicht zu viel Öl nachgießen, wenn die Pfanne „trocken" wird, sondern bei milder Hitze weiter braten (am besten in einer beschichteten Pfanne), bis das Öl wieder da ist.

91 Grundrezept

Die Auberginen längs oder quer (nach Gusto) in gleichbleibend

AUBERGINEN GEFÜLLT

Auberginen lassen sich längs halbiert wunderbar füllen, mit Hackfleisch, zum Beispiel wie für Paprika (Seite 86). Man kann die Hälften in der Pfanne braten und mit einer Sauce bestreichen oder mit Käse (Mozzarella) im Ofen überbacken. Und es lässt sich aus den im Ganzen gebackenen Früchten das Fleisch für eine Sauce oder einen Aufstrich herausstreifen.

AUBERGINENAUFSTRICH

Früchte garen und schälen nach dem Prinzip auf Seite 82. Mit 2–3 Knoblauchzehen, 1 scharfen entkernten Chilischote, Petersilie oder Basilikum, Salz und Pfeffer zum Püree mixen, dabei ca. 3–4 EL Olivenöl und 1–2 EL Essig oder Zitronensaft zufügen, bis der Aufstrich schön cremig ist. Für Crostini, als Dip für rohe Gemüsestängel oder als Pasta-Sauce.

etwa zentimeterdicke Scheiben schneiden (Gemüsehobel oder Aufschnittmaschine), damit sie gleichmäßig garen und bräunen. Auf ein mit Olivenöl eingepinseltes Backblech legen, mit Öl einpinseln, salzen und pfeffern und bei ca. 200 Grad (Heißluft / 220 Grad Unter- & Oberhitze) ca. 15–20 Minuten backen, bis die Scheiben weich und gebräunt sind. Dann mit einer Marinade einpinseln, aus einem Teil Zitronensaft und zwei Teilen Olivenöl, Salz und Pfeffer. Das Gemüse so entweder zum Weiterverarbeiten verwenden, etwa für Lasagne (eingeschichtet abwechselnd mit Béchamelsauce, Schinkenscheiben und Nudelteigblättern, mit Käse überbacken) oder andere Aufläufe. Oder als Antipasto servieren, siehe gebratene Zucchini auf Seite 95.

GURKEN

Salatgurken und Vespergurken, Gewürz- und Gemüsegurken – da unterscheidet man nicht nur die Größe, sondern auch nach Verwendungszweck, siehe Kasten.

Gurken

Einkauf Handel, Markt, Gärtnerei

Saison praktisch ganzjährig; Einmach- und Gemüsegurken Juli bis September

Herkunft Salat- und Vespergurken Italien, Spanien, Türkei, Frankreich, Niederlande, Deutschland; Gemüse- und Gewürzgurken Deutschland, Rumänien

Qualität fest, stramm, von gleichmäßig dunklem Grün; reife Gemüsegurken färben sich gelb, ebenso überlagerte Salatgurken

Lagerung möglichst nicht über 15 Grad – feucht und kühl, aber nicht eiskalt; nur notfalls oben im Kühlschrank einige Tage; in Folie verschweißte Gurken vorher auspacken! Gewürzgurken sofort einmachen, sonst 2 Tage, Gemüsegurken bis 2 Wochen

Tiefkühlen ungeeignet

Vorbereitung waschen, mit dem Sparschäler schälen, eventuell dekorative Schalenstreifen stehen lassen; ausgewachsene Gurken längs halbieren und mit einem Löffel die Kerne mit dem wässrigen Mark herausschaben

Zubereitung Salat- und Vespergurken als Rohkost, Gewürzgurken als Rohkost, eingelegt oder eingemacht, Gemüsegurken geschmort oder gebacken

Für Gurkensalat bretonischer Art müssen die Kerne herausgekratzt werden.

GURKENSALAT

... AUF K&K-ART: Eine junge Salatgurke vollkommen schälen, in dünne Scheiben hobeln. Diese in einer Schüssel mit Salz bestreuen, umwenden und Wasser ziehen lassen – dadurch werden nicht nur Bitterstoffe (und Mineralien) ausgezogen, sondern die Scheiben auch fester, fast knusprig. Das Wasser abgießen, die Scheiben leicht ausdrücken. Jetzt mit Essig und Öl, Pfeffer und Salz anmachen, mit edelsüßem Paprika bestreuen.

... AUF DÄNISCHE ART: Die Salatgurke mit der Schale in Scheiben hobeln, in einer Schüssel mit Salz umwenden. Inzwischen 3 EL Essig mit 3 EL Zucker erhitzen und den Zucker auflösen (in einem kleinen Topf auf dem Herd oder in einer Tasse in der Mikrowelle). Gurkenscheiben in einem Sieb unter fließendem Wasser ausspülen, abtropfen lassen. Mit dem Essig umwenden, pfeffern und wenigstens ½ Stunde ziehen lassen. Mit fein gehacktem Dill bestreuen.

... AUF BRETONISCHE ART: Gurke schälen, halbieren, Kerne herauskratzen, die Hälften in gut 1 cm große Würfel schneiden. In einer Schüssel mit Salz umwenden, 10 Minuten stehen lassen. In 3 EL Apfelessig 1 EL Blütenhonig auflösen (Mikrowelle). Gurkenflüssigkeit abgießen. Gurken mit 100 g Crème fraîche und reichlich frisch gemahlenem Pfeffer umwenden. Mit fein gehacktem Estragon bestreut servieren.

92 Gurkengemüse

Manche versuchen es heute aus Salat- oder Vespergurken zu bereiten, es ist aber nur mit Gemüsegurken eine Delikatesse. Gurken schälen (Sparschäler), entkernen und in Halbringe oder Quader schneiden. In Butter oder Olivenöl andünsten, würzen (Salz, Pfeffer, gemahlener Bockshornklee, Chili, Knoblauch), möglichst im eigenen Saft bissfest schmoren. Eventuell etwas Sahne angießen. Gehackter Dill, Kerbel oder Petersilie dazu.

KÜRBIS

Es gibt Kürbisse in den unterschiedlichsten Farben, Sorten und Größen, von tennisballwinzig bis zentnerschwer. Da leuchten in klarem Orange die dünnschaligen Hokkaidos, die den Markt im Sturm erobert haben: weil handlich, klein, wohlschmeckend und obendrein mit so dünner Schale, dass man sie nicht mühsam entfernen muss, weil sie sich beim Kochen auflöst. Es locken die gewaltigen Kürbisse namens Gärtnerstolz und es laden die bildschönen dunkelgrünen, blaugrünen oder bräunlichen Muskatkürbisse mit ihren ausgeprägten, dekorativen Rippen zum Kauf, manche besetzt mit charaktervollen Warzen. Immer öfter findet man die sehr gute, kleine, braune, für kleine

Haushalte praktische Butternuss (Butternut). Eher nur selten gibt's die gefleckten Ölkürbisse, aus deren Kernen man in Kärnten das köstliche Kürbiskernöl presst. Und viel zu oft die ausgewachsenen Zucchini, die ja (wie ihr Name schon sagt) nichts anderes sind als kleine *zucche,* also kleine Kürbisse – und die tatsächlich nur in ihrer Jugend den Gaumen erfreuen.

93 Schlachtfest

Die dicke, feste Schale klassischer Kürbisse muss erst mal mit einem soliden Kochmesser (oder gar einem Beil) durchdrungen werden, um solch einen Burschen zu

Kürbis

Einkauf Markt, Handel, regional am Straßenrand; große Kürbisse (Marke Gärtnerstolz) in Stücken
Saison September bis ins Frühjahr
Herkunft aus der Region, Italien, Frankreich, Österreich
Qualität unversehrte Schale, muss hohl klingen beim Draufklopfen; Stücke/Spalten festfleischig
Lagerung trocken und kühl, aber nicht kalt, mehrere Monate
Tiefkühlen unnötig
Vorbereitung siehe Tipp 93
Zubereitung gebraten, gebacken, gegrillt, eingelegt

spalten, sodass man an das Fruchtfleisch gelangt. Man spricht schließlich vom „Kürbisschlachten"!
Deshalb ist der Hokkaido-Kürbis so
beliebt, den man nicht schälen
muss – denn auch das Abtrennen der
Schale vom Fruchtfleisch gelingt nur
mit einem guten, scharfen Messer.

Die wattigen Fasern im Zentrum des
Kürbisses lassen sich mit einem
Löffel herausschaben – sie sind
ungenießbar. Die Kerne der meisten
Sorten hingegen schmecken gut und
machen Spaß zu knabbern, wenn
man sie in einer trockenen Pfanne
röstet – vor allem die vom Ölkürbis.

KÜRBIS VORBEREITEN

Tipp 93: Hokkaido-Kürbis muss nicht geschält, sondern lediglich von den Kernen und den
wattigen Fasern im Zentrum befreit werden – das geht am einfachsten mit einem Esslöffel.

KÜRBISSUPPE

Dafür das Fruchtfleisch in Stücke oder Würfel teilen, in Butter oder Öl andünsten und mit etwas Fleisch- oder Gemüsebrühe zugedeckt weich kochen. Unbedingt herzhaft würzen: Säure, Schärfe, Salz! Sonst empfindet man den Geschmack schnell als langweilig. Sahne oder Crème fraîche zugeben und im Mixer oder mit dem Pürierstab cremig aufschlagen. Mit Flüssigkeit nach Wahl die gewünschte Konsistenz herstellen.

Man kann die Suppe vielfältig abwandeln: eher mediterran (mit Olivenöl, getrockneten Tomaten, Basilikum), österreichisch (mit Speck oder Schmalz, Kürbiskernöl und Kümmel), chinesisch (mit Ingwer, Knoblauch, Chili, Sesamöl, Sojasauce und Koriandergrün) oder nach Thai-Art würzen (mit Currypaste, Limettensaft und Fischsauce).

94 Praktisch

Gebackener Kürbis vom Blech: In gleichmäßig 2 cm dicke Scheiben schneiden, auf ein mit Backpapier belegtes Blech breiten, mit Olivenöl beträufeln, salzen, pfeffern, mit zerrebbeltem Origano bestreuen. 10 Minuten bei 180 Grad Heißluft / 200 Grad Ober- & Unterhitze backen. Dann gehackte Tomaten darauf verteilen und Würfel von Mozzarella und nochmals für 10 Minuten in den Ofen schieben. Eine frische Vorspeise oder ein leichter Imbiss.

ZUCCHINI

Zucchini (ital.) sind kleine *zucche* (sing. *zucca*), Zucchini oder Zucchetti also kleine Kürbisse. Und doch ganz etwas anderes, denn die „normalen" Kürbisse sind jung nicht so köstlich wie Zucchini – und diese können ausgewachsenen bzw. reifen Kürbissen nicht Paroli bieten.

Es gibt sie in vielerlei Sorten, Formen und Farben: walzen- oder keulenförmig, rund oder geschlängelt, grün mit dunkelgrünen oder gelben Streifen, hell- / dunkelgrün gestreift oder gefleckt, blassgrün / weiß gefleckt, reingelb oder gelb / grün gescheckt. Die einen sind fester, die anderen zarter im Fleisch, die einen sollte man ganz klein –

hübsch auch mit der Blüte – verwenden, die anderen kann man handspannenlang werden lassen.

95 Abfallvermeidung

Kaufen Sie stets die kleinsten Zucchini, die Sie finden. Sie sind knackig-zart, schmecken nussigfein und es gibt keinen Abfall – wie bei den größeren Exemplaren, die ja leider innen meist wattig sind. Diese sollten ausgeschabt werden und eignen sich dann prima zum Füllen. In der Schale steckt das meiste Aroma, es werden also die zarten Früchte nie geschält.

96 Der gute Schnitt

Will man ein Gemüse bereiten, so schneidet man die Frucht so zu, dass der weiche innere Kern als Quader übrig bleibt; er kann in den Kompost wandern! Das Fruchtfleisch dann würfeln oder in Stäbchen schneiden.

Zucchini

Einkauf Laden, Markt, Gärtnerei
Saison Frühsommer bis Herbst, Importware ganzjährig
Herkunft Deutschland, Italien, Frankreich, Spanien, Niederlande
Qualität makellose, sehr zarte Schale, Frucht selbst fest und knackig
Lagerung Kühlschrank 1–2 Wochen, ganz junge Früchte kühl, aber nicht kalt 3–4 Tage
Tiefkühlen nicht wirklich lohnend
Vorbereitung Stiel abschneiden, waschen, eventuell längs aufschneiden und Kerne herauskratzen, nicht schälen (siehe links)
Zubereitung gebraten, gegrillt, gedünstet, gedämpft, bedingt auch gekocht

ZUCCHINI-PASTA

Wasser für Spaghetti aufsetzen und Zucchini waschen. Längs mit dem Julienne-Einsatz in Streifen abhobeln. Tomaten blanchieren, häuten, und mit den Kernen würfeln. Olivenöl in einer Pfanne erhitzen, zerdrückte Knoblauchzehen darin andünsten. Tomaten mitdünsten, salzen und pfeffern. Die Zucchinistreifen zugeben und kurz durchschwenken. Unterdessen hat die Pasta im Salzwasser gekocht. Tropfnass zufügen und mit geriebenem Parmigiano (oder Pecorino), einem guten Schuss Olivenöl und reichlich grob gehacktem Basilikum untermischen.

GEBRATENE ZUCCHINI

Diese einfachste ist vielleicht die beste Zubereitungsart: längs in dünne Scheiben hobeln und in Olivenöl braten (oder einölen und auf den Grill legen). Nach Belieben etwas Knoblauch mitbraten, salzen und pfeffern. Zum Servieren mit Basilikum bestreuen und mit frischem Olivenöl beträufeln. Schmeckt warm oder kalt. Kalt gerne mit Zitronensaft und Peperoncino (Chili) würzen, warm schmeckt Tomagrette (Tipp 82 auf Seite 81) phantastisch dazu.

97 Zucchiniblüten

Zucchiniblüten sind eine hochfeine Spezialität: Die männlichen mit dünnen Stielen werden in einen leichten Ausbackteig (Bierteig) getaucht und frittiert. Die weiblichen (nach Entfernung des Blütenstempels) an der kleinfingerlangen Frucht gefüllt mit einer zarten Farce von Ricotta, Fisch, Meeresfrüchten oder Geflügel. Etwa 5 Minuten über (oder im) Dampf garen. Anrichten, mit Tomatenwürfeln umlegen und mit Tomagrette (Tipp 82 auf Seite 81) beträufeln.

MAIS

Wird in verschiedenen Zuständen angeboten: ganz junge, zarte Maiskölbchen als Frischgemüse (selten im Sommer auf dem Markt, ganzjährig in Asialäden), meist jedoch als stattliche Kolben, noch etwas weich oder voll ausgereift und hart.

98 Maiskolben

Je härter die einzelnen Maiskörner an den Kolben noch sind, desto länger muss man sie vorkochen. Sind sie weich und saftig, kann man sie gleich pur mit Butter (noch besser: frisch gemachter Kräuterbutter!) als Snack verspeisen. Oder mit Öl (Butter) bestreichen und bei guter Hitze backen oder grillen, bis sie leicht zu bräunen beginnen. Dabei entweder mit Ahornsirup oder Honig beträufeln und karamellisieren.

99 Maiskölbchen

Junge Maiskölbchen kochen oder dünsten, bestens als Mischgemüse im Wok oder in Curries kurz mitgekocht.

100 Maiskörner

Will man die reifen Körner als Beilage zubereiten, streift oder schneidet man sie nach dem Kochen vom Stiel, ohne sie zu

Mais

Einkauf Handel, Markt, Bauernhof
Saison Spätsommer/Herbst
Herkunft Europa, Region
Qualität möglichst ausgereift
Lagerung 3 Monate
Tiefkühlen wenig empfehlenswert
Vorbereitung entblättern, gegebenenfalls an Stiel und Spitze etwas einkürzen, in Salzwasser oder Milch 20 bis 30 Minuten sanft kochen
Zubereitung gekocht, gebacken, gegrillt

verletzen. Dann in Butter oder Öl oder ausgelassenen Speckwürfeln schwenken, dabei würzen mit Salz, Pfeffer, nach Belieben gehackter Zwiebel, Knoblauch, Kräutern, Chili und einem Hauch Zitrone.

OKRA / EIBISCH / GUMBO / BAMYA / LADYFINGER

Noch ein Gemüse mit alter Geschichte: Man kultiviert Okra in Äthiopien und Ägypten seit mindestens fünf Jahrtausenden. Die vielen verschiedenen Namen zeigen die Verbreitung auf der ganzen Welt an.

Die fünfeckigen, fingerlangen Schoten – es handelt sich um die Früchte einer Malvenart – erinnern

an grüne Peperoni, haben aber eine empfindliche Schale mit feinem Flaum. Sie schmecken gleichzeitig mild und herb, einerseits eigenartig fade, andererseits säuerlich und herzhaft.

101 Zubereitung

Die Schoten geben, wenn sie angeschnitten werden, eine klebrige Flüssigkeit ab, die das Gericht unschön schleimig macht. Mit Zugabe von Säure (Zitronen- oder Limettensaft, Essig, Tomaten) kann man das weitgehend verhindern, die Schoten bleiben dann auch knackiger. Allerdings verlieren sie ihre frische Farbe. Besser: rasch im Wok bei größter Hitze braten, dabei bleiben die Okra nicht nur schön knackig und grün, sie sondern auch keinerlei Schleim ab.

OKRA AUS DEM WOK

Okra vorbereiten wie rechts beschrieben, erst unmittelbar vor dem Hineinwerfen in den Wok schräg in etwa 1 cm dicke Scheiben schneiden! Im Wok wie in Tipp 111 auf Seite 106 beschrieben mit Fisch oder Fleisch, klein geschnittenem Gemüse sowie Gewürzen woken. Mit frischen Kräutern bestreuen und auf Duftreis servieren.

Okra / Eibisch / Gumbo / Bamya / Ladyfinger

Einkauf Markt, türkische Gemüse-
geschäfte, gut sortierter Super-
markt, Asialaden
Saison wird ganzjährig importiert
Herkunft weltweit in heißen
Ländern
Qualität knackig, glatte Oberfläche,
keine dunklen Stellen
Lagerung 1–2 Tage luftdicht im
Kühlschrank
Tiefkühlen als Rohkost möglich
Vorbereitung waschen, Stiel spitz
abschneiden, ohne das Frucht-
fleisch zu verletzen; als Rohkost
den Flaum leicht abreiben
Zubereitung gegart in Eintöpfen,
Curries, Gemüsepfannen und
Wokgerichten, Ragouts mit Fisch,
Fleisch und Geflügel, als Rohkost in
gemischten Salaten

BOHNEN

Die feinen, stricknadeldünnen
Prinzessböhnchen, die meist aus
Kenia kommen, sind keineswegs
eine spezielle Sorte. Alle grünen
Bohnen, wie sie auch bei uns an
übermannshohen Stangen oder
niedrigen Büschen gedeihen, sind
zunächst so fein und zart – selbst
die Sorten, die in erster Linie für
Bohnenkerne gezogen werden. Lässt
man sie länger wachsen, werden sie
immer dicker und derber: Prinzess-
böhnchen gäb's also auch bei uns,
würde man sie rechtzeitig ernten ...

102 Sorten und Qualitäten

Die verschiedenen Sorten
reifen zu unterschiedlicher Zeit. Es
gibt Bohnen in allen Farben, von lila
(die geht beim Kochen leider
verloren) über dunkel- und hellgrün
bis hellgelb – die sogenannten
Wachsbohnen. Mögen die letzteren
etwas milder sein, auf den Geschmack hat die Farbe ansonsten
keinen Einfluss, es hängt eben alles
von der Sorte ab: Größe und Länge,
optimale Pflückreife, breitflache oder
rundere Form, ob Busch- oder
Stangenbohne, ob zum Tiefkühlen
geeignet, fadenlos und damit leichter
zu putzen.

Im Sommer findet man bei uns
meist die runden Sorten, auch

Bobbybohnen genannt, die natürlich auch möglichst klein sein sollten – auf keinen Fall sollte man die sich im Inneren bildenden Bohnenkerne schon erkennen können, was übrigens für alle Sorten gilt. Ebenso, dass sie knackig-straff sind, nicht lasch und welk, die Spitzen fest, die Oberfläche ohne Verletzungen, Flecken und Runzeln.

Im Spätsommer und Herbst folgen die sehr „bohnig" schmeckenden, breiten Schwertbohnen, glatt oder rau, etwa die fleischigen Feuer- oder Prunkbohnen. Sie müssen unbedingt noch ganz flach sein!

103 Vorbereitung

Den feinen Kenia- oder Prinzess-Böhnchen knipst oder schneidet man nur die Stiele ab – sie eignen sich am besten für Salate. Den größeren Bobbybohnen für Gemüse bricht man Spitze und Stiel ab, je nach Sorte müssen dabei auch Fäden abgezogen werden – die meisten heutigen Sorten haben keine mehr. Dann in Stücke brechen (die sogenannten Brechbohnen – aber so dick sollte man sie einfach nicht werden lassen!) oder schneiden. Breite Bohnen (ebenfalls für Gemüse) schneidet man schräg in gut fingerbreite Stücke.

Tipp 102: Verschiedene Bohnensorten geputzt und nach Größe sortiert.

Bohnen

Einkauf Handel, Markt, Gärtnerei
Saison ganzjährig, Hauptsaison Sommer
Herkunft Kenia, Ägypten, Südost-asien, ab Mai aus dem Süden, Juni bis Oktober regional aus Deutsch-land
Qualität siehe Tipp 102
Lagerung 2–3 Tage im Gemüsefach, besser gleich nach Ernte/Einkauf blanchieren
Tiefkühlen möglich, je nach Sorte mehr oder weniger gut – stets blanchiert
Vorbereitung siehe Tipp 103
Zubereitung gekocht, gedünstet, gebraten, im Wok

104 Das Prinzip: Blanchieren

Blanchieren kommt vom französi-schen Wort *blanchir*, weiß machen. Das Verfahren wurde einst vor allem für Fleisch angewandt, das kurz in kochendes Wasser gegeben wurde, um es fester zu machen („Anstei-fen"). Dann konnte man es leichter häuten (Leber, Nieren), besser putzen (Kalbsbries) oder spicken (Rehrücken). Dabei färbte sich die Oberfläche weiß.

Heute dient das Verfahren haupt-sächlich dazu, bei Gemüse und Pilzen unerwünschte Produkt-veränderungen zu unterbinden: Enzyme zu deaktivieren, die eine weitere Reifung und/oder ein Verderben bewirken, die Keim-belastung zu reduzieren, Verfärbun-gen (Oxidation) zu verhindern, geschmacklichen Veränderungen vorzubeugen und die wertvollen Inhaltsstoffe sowie eine schöne grüne (Bohnen, Spinat, Broccoli, Wirsing) oder weiße (Blumenkohl) Farbe zu erhalten. Weiterhin können dadurch unerwünschte oder zu kräftige Aromen ausgezogen (Kohl, Knoblauch), Bitterstoffe und Gifte zerstört oder entfernt (Bohnen, Pilze) werden. Die meisten Gemüse müssen vor dem Einfrieren blan-chiert, viele vor der eigentlichen Zubereitung auf diese Weise vorbehandelt werden (etwa Weiß-kohlblätter für Kohlrouladen). Und manche Arbeiten lassen sich erst danach erledigen (das Häuten von Tomaten).

Unmittelbar nach dem Erhitzen („Abwellen" in kochendem Wasser oder in heißem Wasserdampf, wodurch mehr wasserlösliche Inhaltsstoffe erhalten bleiben) muss das Gargut so schnell wie möglich abgekühlt, „abgeschreckt" werden: vorzugsweise in Eiswasser (mit Eiswürfeln drin; oder sehr kaltem Wasser), um ein Weitergaren zu stoppen und Farbe, Geschmack und Struktur zu stabilisieren.

Nach vollkommenem Durchkühlen lässt man das Produkt gut abtropfen, ehe es weiterverarbeitet oder luftdicht verpackt und eingefroren wird.

Zum Blanchieren sollte man immer einen relativ großen Topf und viel Wasser nehmen, damit bei der Zugabe des Blanchierguts das Wasser nicht zu stark abgekühlt wird, sondern der Kochprozess sofort einsetzt. Es muss das Wasser auch immer sprudelnd kochen. Deshalb: Stets in mehreren kleinen und nicht in einer großen Portion blanchieren und immer auf voller Hitze. Unmittelbar vor dem Blanchieren das Wasser salzen – es braust dann richtiggehend auf! Manche Gemüse brauchen sehr viel Salz (Bohnen), manche weniger (Erbsen, Pilze), manche gar keins (Tomaten).

Die Blanchierzeit beträgt, je nach Art und Struktur der Gemüsesorten und der Größe der Stücke, 30 Sekunden (etwa Spinat) bis vier Minuten (Wirsing, Prunkbohnen). Sind verschiedene Größen – zum Beispiel Bohnen – für ein Gericht zu blanchieren, sollte man sie nach Dicke sortieren und zunächst die dickeren ins Kochwasser, in entsprechenden Abständen dann die dünneren dazu. Werden mehrere Partien hintereinander blanchiert, hebt man das Gargut mit einer Siebkelle heraus und benutzt das Wasser weiter.

105 Bohnenkraut

Gut passt zu allen Bohnenarten, wie der Name schon nahelegt, Bohnenkraut. Man kann es bereits im Blanchierwasser mitkochen, aber man hat mehr davon, wenn man die Blättchen abzupft, fein hackt und mitdünstet oder in Salaten roh untermischt.

BOHNEN-KARTOFFEL-TOPF

Zwei Teile grüne Gemüsebohnen blanchieren, ein Teil Kartoffeln schälen und zentimetergroß würfeln. Eine gehackte Zwiebel in etwas Butter weich dünsten, etwas Knoblauch dazu, auch eine entkernte Chilischote. Kartoffelwürfel zufügen, eine Tasse Wasser angießen und zugedeckt 20 Minuten weich köcheln, Bohnen zufügen, alles mit Milch (oder halb Milch / halb Sahne) knapp bedecken und weitere 10 Minuten köcheln. Viel Bohnenkraut abzupfen, fein hacken und unterrühren, eventuell auch ein bis zwei reife Tomaten in Würfeln.

DICKE BOHNEN

Der Name ist in jeder Hinsicht irreführend: Dicke Bohnen sind nicht dick, sie machen auch nicht dick, und es sind keine Bohnen. Sie gehören zwar zu den Hülsenfrüchten und Leguminosen, aber eben nicht zu den Bohnen *(Phaseolus)* sondern zu den Wicken *(Vicia),* sind also eher Erbsen. Sie waren schon bei den alten Ägyptern und Römern beliebt, während unsere Bohnenarten aus Amerika stammen. Dicke Bohnen sind also keine großen weißen Bohnenkerne, was gern verwechselt wird – vor allem in Rezepten, die aus anderen Sprachen übersetzt wurden.

Dicke Bohnen, auch Acker- oder Feldbohnen genannt, Sau- oder Pferdebohnen, Lederne Jungs, Puff- oder Favabohnen (italienisch *fava,*

Dicke Bohnen

Einkauf türkische und italienische Gemüseläden, Markt, manche Gärtnereien
Saison Winter–Frühling (Italien, Türkei, Griechenland), Sommer (regional)
Herkunft zarte, saftige und straffe Schoten ohne schimmelige Stellen
Lagerung im Kühlschrank 2–3 Tage
Tiefkühlen uninteressant
Vorbereitung siehe Tipp 106
Zubereitung gekocht, gedünstet, gebraten, im Wok

Plural *fave*) – wenn ein und dasselbe Gemüse so viele Bezeichnungen hat, bezeugt das eine weite Verbreitung und vielfältige Verwendung, auch als Tierfutter. Früher hat man sie bei uns viel gegessen, mit Speck und Kartoffeln im herzhaften Eintopf. Allerdings die ausgereiften (und oft getrockneten) Kerne samt ihrer ledrigen Haut. Goethe hat sie auf seiner italienischen Reise auf Sizilien im Winter lieben gelernt und in höchsten Tönen gelobt. Denn man isst sie dort nicht, wenn sie bereits ausgewachsen und mehlig sind, sondern noch ganz jung, zart, saftig und von ihrer herb schmeckenden Haut befreit! Mit Olivenöl, Salz und Brot zum Glas Wein.

106 Vorbereitung und Verwendung

Hängt sehr vom Entwicklungsstadium der Schoten ab. Da man von außen den Inhalt der 15–30 cm langen Schoten qualitativ nicht bestimmen kann, sollte man den Händler fragen, ob man eine von ihnen öffnen darf.

Liegen **KLEINFINGERKUPPEN-KLEINE** Kerne wie in einem weißwattigen Etui darin, so kann man die ganzen Schoten als Gemüse zubereiten – in Stücke geschnitten und gedünstet oder im Eintopf mitgekocht.

Sind die Bohnen **MITTELFINGER-KUPPENGROSS,** sind sie wunderbar zart: aus ihrer Hülse lösen, schälen und roh essen oder verwenden, höchstens ganz kurz mitdünsten.

DAUMENKUPPENGROSSE
Exemplare auslösen, in Salzwasser blanchieren, kalt abschrecken und die Kerne zwischen den Fingern aus der weißlich-hellgrünen Haut schnipsen. (Ebenso verfährt man mit tiefgekühlten Puffbohnenkernen, die so vorbereitet ausgezeichnet schmecken). Es erscheint ein zarter, intensivgrüner Fruchtkern, der sich sogleich in zwei Hälften teilt, saftig und fast süß, an Erbsen erinnernd, wenn er jung ist, später dann immer fester, mehliger und herzhafter werdend. Bis man an dieses saftig-süße Herz gelangt, fällt ziemlich viel Abfall an: von einem Kilo Schoten etwa 300 g Kerne. Gehäutet sind es nur noch 200–250 g verwertbares Gemüse. Das allerdings schmeckt dann unvergleichlich gut!

MARKERBSEN, PALERBSEN UND KAISERSCHOTEN

Früher hat man zwischen den festen robusten Pal- und den zarten Markerbsen unterschieden: Heute sind es oft dieselben Sorten, die jung als Markerbsen geerntet und die ausgereift zu Palerbsen werden, welche man länger kochen oder dünsten muss und zu ganz anderen Gerichten verwendet. Man sieht den Erbsen nicht an, zu welcher Sorte sie gehören.

DICKE-BOHNEN-GEMÜSE

Die gehäuteten Puffbohnen mit gehackter Zwiebel andünsten und im eigenen Saft ganz kurz bissfest schmurgeln. Oder in Gemüsesuppen oder Eintöpfen nur die letzten 4–5 Minuten mitköcheln ...

Die Kaiser- oder Zuckerschoten, in der Küche unter dem französischen Namen Mange-Touts („ganz zu essen") bekannt, sind jedoch eine eigene Sorte, deren Schale zart bleibt und keine feste Haut bildet. Sie genießt man als ganze junge Schoten, solange die Früchte nur ansatzweise ausgebildet sind.

107 Markerbsen

Man schwenkt sie nur in Butter (einfach das ideale Gewürz für Erbsen!), lässt sie zugedeckt ganz kurz, nur ein, zwei Minuten in ihrem eigenen Saft gar dünsten. Pfeffern und salzen, gut passt Minze dazu, als Gewürz eine Zuckerprise und etwas Chilipulver.

Markerbsen, Palerbsen und Kaiserschoten

Einkauf Handel, Markt, Gärtnerei
Saison März bis August
Herkunft Italien, Frankreich; Niederlande, Deutschland
Qualität fest, glänzende Schale, lebhaft grün (nicht wie ausgebleicht), absolut unbeschädigte Schoten! Zuckerschoten knackig, nicht lommelig-biegsam
Lagerung nein
Tiefkühlen ja, je nach Größe 1-3 Minuten blanchieren, abschrecken und einfrieren
Vorbereitung auspalen, nach Größe sortieren
Zubereitung blanchiert, gekocht, gedünstet, gedämpft, im Wok

Frisch gepalte Erbsen – eine Mühe, die sich lohnt.

ERBSEN AUF FRANZÖSISCHE ART

Klein geschnittene Schalotten in Butter andünsten, dann geviertelte oder geachtelte Salatherzen (siehe Seite 52), nach 3–4 Minuten erst die Erbsen. Zum Schluss erwärmt man darin noch Streifchen von gekochtem Schinken und Kerbelblättchen – unwiderstehlich.

108 Palerbsen
Sie brauchen bis zu fünfzehn Minuten, bis sie weich sind und auf der Zunge zergehen. Deshalb sind Palerbsen bestens geeignet für Risotto (zum Beispiel für den Risibisi, bei dem die Erbsen ja mit dem Reis zusammen geköchelt werden), schön im Ragout, etwa im Hühnerfrikassee oder im Kalbsragout. Und sie gehören zusammen mit jungen Karotten, Spargel, Morcheln und Kohlrabi (und Krebsen) ins Leipziger Allerlei, ergeben auch ein wunderbar zartes, schön grünes Püree.

109 Kaiserschoten
Sie sind ein schwieriges Gemüse, denn ihre knackig-frische Struktur wird bei unseren üblichen Zubereitungsarten fast zwangsläufig zerstört. Gedünstet oder geschmort werden sie schnell matschig-schlei-

Tipp 108: Zarter Fisch und zartes Gemüse – ein ideales Paar! Leipziger Allerlei mit Forelle.

mig, selbst kurz blanchiert und ganz zum Schluss in ein Ragout gegeben, wie von Sterneköchen häufig empfohlen, können sie nicht bestehen. Besser: bei großer Hitze kurz braten! Wirklich einmalig köstlich werden sie jedoch, wenn man sie wie die Chinesen behandelt, die sie heiß und innig lieben: im Wok herumwirbelt – sie also rockt, indem man sie wokt!

110 Das Prinzip: Woken = Pfannenrühren

Beim Pfannenrühren oder Wokbraten, dem ständigen Bewegen der Zutaten mit der Bratschaufel in der Eisenpfanne mit abgerundetem Boden, wird das Gargut in der Mitte des Wokbodens kurz sehr starker Hitze ausgesetzt, dann rasch beiseitegeschaufelt, damit es sich auf dem hochgezogenen, nur warmen Rand entspannen kann. Durch diesen ständigen Wechsel von sehr heiß und dann wieder sehr mild dringt die Hitze nur langsam nach innen, sodass Fleisch oder Gemüse sanft garen, ohne dass die Zellen platzen und zerstört werden – Gemüse bleibt knackig, behält seine Farbe, Fleisch wird saftig-zart. Dennoch findet während der kurzen Hitzephasen die für das Anrösten typische und wichtige Geschmacksbildung statt, die berühmte Maillard-Reaktion.

Dies funktioniert aber nur, wenn der Wok einerseits die starke Hitze in der Mitte des Bodens bietet, ohne an den Seiten heiß zu werden. Gusseiserne Woks sind ungeeignet; darin wird die Hitze hoch bis zum Rand geleitet. Gleiches gilt für Woks aus Edelstahl mit Kupfer- oder Aluminiumkern.

Auch die Energiequelle muss stimmen: Die üblichen Wokbrenner in den Herden aller deutschen Hersteller haben einen zu großen Durchmesser, sodass die Hitze die Wände hochsteigt, die Mitte des Wokbodens aber zu wenig davon abbekommt. Völlig ungeeignet sind die speziellen Induktionsmulden, in denen der Wok bis zur Mitte seiner Seitenwände erhitzt wird.

Masseplatten und Ceranfelder mit Hallogen oder Heizschlangen erfordern einen Wok mit flachem Boden, der aber zu breit im Durchmesser ist. Darin ist immer eine größere Fettmenge nötig und die Bratfläche ist im Verhältnis zur Ruhezone auf den Seitenwänden zu groß.

Ideal scheinen uns nur zwei Lösungen: Ein richtig konstruierter Wokbrenner mit ausreichender Leistung, bei dem das Aufsteigen der Hitze an den Seitenwänden wirkungsvoll vermindert wird –

gibt's von www.wok-it.de. Der ist nicht billig, aber absolut spitze. Oder das ganz normale, flache Induktionsfeld mit Boosterfunktion, das inzwischen von allen Herstellern angeboten wird. Für beide Varianten ist der einfache und preiswerte chinesische Eisenwok das passende Gerät. Er sitzt auf dem erwähnten Gasbrenner ganz sicher, steht auf dem Induktionsfeld mit seiner kugeligen Bodenfläche allerdings schwankend. Da man aber beim Pfannenrühren ohnehin den Wok mit einer Hand festhält, stört das nicht. Die erhitzte Fläche ist nur so groß, wie das über der Oberfläche des Feldes entstehende Kraftfeld, die Seitenwände bleiben von der Energiezufuhr verschont, werden also nicht heiß, sondern nur so warm, wie es sein soll.

111 Grundrezept

KAISERSCHOTEN AUS DEM WOK: 2 violette Schalotten in feine Ringe schneiden, zwei Knoblauchzehen und etwa die gleiche Menge Ingwer sowie 1 entkerne Chilischote fein hacken. 2 EL Butterschmalz im Wok erhitzen, Schalotten, Knoblauch, Ingwer und Chili kurz durchschwenken. 250 g geputzte Kaiser(erbsen)schoten zufügen (große Exemplare ein-, zweimal schräg durchschneiden – sehr kleine können unzerteilt bleiben) und unter Rühren kurz braten. Salzen, pfeffern, 1 Zuckerprise auf den Wokboden streuen. In der Mitte Platz schaffen, 250 g in Würfel geschnittenes Fischfilet, Kalbs- oder Hühnerfleisch zufügen (Lotte, Kabeljau, Goldbarsch, jeweils mit einem Teelöffel Speisestärke überpudert und eingerieben), salzen und pfeffern. Nach einer Minute, sobald sich die Filetwürfel freiwillig vom Boden lösen, beiseiteschieben und mit den Erbsenschoten mischen. 1 EL helle Sojasauce und 2 EL Reiswein oder trockenen Sherry Fino vom Rand her angießen. Grob gehackte Blätter von Koriander, Minze und Thai-Basilikum unterrühren und sofort mit Duftreis servieren.

Tipp 110: Auf dem Induktionsfeld berührt nur das Rund die Oberfläche, das Induktionsfeld reicht aber darüber hinaus, sodass der untere Bereich des Woks optimal erhitzt wird.

PFANNENRÜHREN

Tipp 110: Besonders gut lassen sich die Kaiserschoten – Rezept links – im Wok zubereiten.

ÜBER DIE AUTOREN

Martina Meuth und Bernd Neuner-Duttenhofer, besser bekannt als **MARTINA UND MORITZ**, bereichern die TV-Landschaft seit 1988. Mit ihrer Sendung **KOCHEN MIT MARTINA UND MORITZ** inspirieren sie Kochbegeisterte im ganzen Land – durch einfach nachvollziehbare Gerichte, praktische Anleitungen und viele hilfreiche Tipps.

Auch als Autoren zahlreicher Kochbücher haben sich Martina & Moritz einen Namen gemacht. Ihr Erfolgsrezept: Frische Zutaten der Saison in möglichst bester Qualität, mit Pfiff und Fantasie und mit Sorgfalt und Akkuratesse zubereitet – so gelingen köstliche Gerichte, die garantiert schmecken!

PS: Wir freuen uns auf Ihre Beiträge, Erfahrungen und Kritik auf Facebook – www.facebook.com/martinaundmoritz

Martina Meuth und Bernd Neuner-Duttenhofer